I0834599

LECCIONES DE
VIDA
antologías

LOS
SECRETOS DEL
EMPRENDEDOR
ESCALANDO EL ÉXITO

LOS SECRETOS DEL EMPRENDEDOR

ESCALANDO EL ÉXITO

Editado por Danielle Roux Rodríguez

Hola Publishing Internacional
Eugenio Sue 79, int. 4, 11550
Ciudad de México

Primera edición, Junio 2023
ISBN: 978-1-63765-418-7

Índice

Querido lector,

Es un placer presentarte *Los secretos del emprendedor, escalando el éxito*, un libro que tiene como objetivo inspirar y guiar a aquellos que desean embarcarse en el desafiante camino del emprendimiento.

En este libro encontrarás las historias de seis emprendedores exitosos que han enfrentado muchos obstáculos y fracasos en su camino hacia el éxito. A través de sus experiencias, brindan valiosos consejos e ideas que pueden ayudarte a evitar errores comunes y alcanzar tus objetivos empresariales.

En los siguientes capítulos, Yanet Pájaro destaca la importancia de la empatía para identificar y abordar las necesidades de tus clientes, mientras que Carlos Castro comparte las lecciones que aprendió de sus empresas fallidas y cómo lo ayudaron a tener éxito al final. Juan Carlos Rico comparte su experiencia como coach al identificar las cinco características esenciales de los emprendedores exitosos, y Juan Pablo Barrantes presenta su enfoque de "trinidad gerencial" para garantizar el éxito empresarial. Pili Fuentes comparte su desgarradora historia de resiliencia y apoyo comunitario en la construcción de Flower House México, mientras que Miguel Rebolledo brinda sus cinco pasos para nunca dejar de crecer y prosperar como emprendedor. Como se puede ver, cada una de estas historias ofrece una perspectiva única sobre los desafíos y las recompensas del emprendimiento.

Lo más importante, sin embargo, es que, a través de sus ejemplos, los autores alientan a los lectores a tomar riesgos, perseguir sus sueños y superar cualquier obstáculo que se les presente.

Espero que las ideas y consejos compartidos en este libro te inspiren a dar los siguientes pasos en tu camino empresarial y que lo encuentres como un recurso valioso en tu búsqueda del éxito.

Atentamente,

Lisa Michelle Umina

CEO, Editora de Hola Publishing Internacional

Prefacio

Uno de los impulsos más naturales del ser humano es la necesidad o el deseo de trascendencia. Igualmente, uno de los grandes miedos modernos, es el fracaso. Dentro de esta angustiosa ambivalencia es que se encuentran la mayoría de las personas hoy en día; se posicionan entre el sueño por cumplir y el miedo de llevarlo a cabo, entre el éxito posible y la decepción inminente. En este panorama es que nace un libro tan pertinente y relevante como *Los secretos del emprendedor, escalando el éxito,* la segunda antología de Hola Publishing Internacional, compendio de textos en los que seis grandes empresarios nos comparten un poco de su historia con la esperanza de inspirar y alentar a los que tienen la chispa del emprendimiento dentro de su ser, pero aún tienen miedo de verse consumidos por el fuego si le dan la oportunidad de crecer.

Es por esto que, en cada capítulo de este sugerente libro, tenemos a un autor que, a modo de maestro, nos otorga valiosas enseñanzas y nos transmite su experiencia para guiarnos a través del pedregoso camino hacia el siempre cambiante éxito. Desde anécdotas cotidianas hasta consejos y metodologías desarrolladas a partir de su propia prueba y error en el mundo empresarial, en estas páginas se encuentran palabras de aliento y de exhortación para osarse a iniciar el camino, a emprender, a cumplir los sueños enterrados. En el muchas veces solitario y despiadado mundo de los negocios, las palabras de estos autores se erigen como una mano amiga, ya que, en sus textos, cada uno se vuelve un mentor capaz de brindar seguridad en los triunfos y sostén en los fracasos.

Más aún, si algo se puede reconocer como conclusión de estos seis pequeños textos, es que ningún sueño es demasiado pequeño o grande para que valga la pena cumplirse. En suma, terminaría destacando que la idea regidora de este libro es muy simple: es la esperanza, la inspiración, la ilusión. *Los secretos del emprendedor, escalando el éxito* se trata de mostrar que, con la dosis adecuada de pasión y trabajo, es posible cambiar al mundo a través de nuestras acciones y las ideas más descabelladas.

Danielle Roux Rodríguez
Editora en Jefe
Hola Publishing Internacional

Detrás de los secretos

"Cuando interiorizamos y entendemos el 'para qué' de una tarea, problema, proyecto o emprendimiento, entonces podemos [...] saber si nos estamos conduciendo por la ruta segura y directa al éxito".

- Juan Pablo Barrantes

El Principio de la Trinidad Gerencial

Esto que estás por leer es un aprendizaje personal que adquirí a través de casi tres décadas de vida laboral. En el punto actual en que me encuentro, luego de tantos años de continuo aprendizaje, he pasado por cuatro países donde he tenido la bendición de ser parte de equipos de trabajo de alto desempeño. He sido aún más afortunado por liderar muchos de esos equipos, los cuales, a su vez, tienen a su cargo a miles de personas, y juntos formamos parte de una gran Compañía Global.

Estos conceptos que voy a explicar probablemente ya sean conocidos por muchos; sin embargo, en mi caso particular, considero que a través de mis vivencias y la forma en cómo he aplicado intencionada y disciplinadamente estos tres enfoques gerenciales de una manera interdependiente, me han contribuido a obtener un entendimiento más integral del día a día que debe entregar cualquier persona que dirige un Negocio o Emprendimiento, sin importar su escala.

Estos tres enfoques, los cuales defino en términos de ***un accionar***, son:

- Proveer Dirección.
- Generar una Estrategia.
- Ejecutar la Operación.

Juntos, forman parte de un concepto que voy a llamar ***"El Principio de la Trinidad Gerencial"***. Lo he llamado así porque se trata de tres acciones que están interconectadas entre sí, que cada una juega un papel en específico y que las tres disciplinas, en combinación, generan un resultado predecible, siempre y cuando se entienda cada concepto y se sigan sus lineamientos consistentemente.

En cualquier caso, mi reflexión es que son pocos los que aplican consciente o inconscientemente estos tres enfoques que conforman el Principio de la Trinidad Gerencial de una forma sistemática, es decir, siguiendo principios y manteniendo determinadas pautas de conducta, entendiendo la interdependencia que hay entre las tres acciones de proveer dirección, crear una estrategia y ejecutar la operación.

PARTE I

El enfoque de Proveer Dirección

Hace unos tres años enfrenté un reto interesante relacionado con este enfoque de Proveer Dirección. En ese caso en particular fue con una persona de mi equipo de trabajo, se trataba del Gerente de Mantenimiento de la Planta que yo en ese momento lideraba: una Planta de producción de ropa interior que contaba con unas mil quinientas personas, produciendo semanalmente casi medio millón de prendas para el mercado de Norte América.

Para este nivel de Operación de Manufactura se maneja un complejo sistema de producción, el cual incluye máquinas de coser, sistema de aire comprimido, sistemas de aire acondicionado y un sinfín de equipos y otros sistemas de mantenimiento que deben operar en óptimas condiciones. De igual manera, es clave la coordinación continua de áreas de apoyo. En el caso de nuestra Planta recibía soporte de la Casa Matriz de la Compañía, la cual está ubicada en Carolina del Norte, USA. El Gerente de Mantenimiento, al cual voy a llamar "Axel", era un muchacho relativamente joven y con mucho talento,

Ingeniero Electromecánico con una Maestría en Equipos Eléctricos Industriales, es decir, poseía un conocimiento muy técnico y era una persona sumamente apasionada en su campo. Ahora bien, en ese momento, yo identifiqué que debíamos trabajar en su liderazgo y más específicamente en esas habilidades que llamamos "blandas" como su empatía, su proactividad y relaciones interpersonales, sobre todo el hacer redes de contacto para ser más exitoso a través de colaboración con personas clave en nuestro diario quehacer. Además, al pertenecer nuestra Planta a una Compañía Global y con su Casa Matriz en los Estados Unidos, la interacción diaria con personal técnico de soporte y niveles gerenciales de la casa matriz era indispensable, sobre todo dando por sentado que cada uno de nosotros debía dominar el idioma inglés, o al menos el poder mantener una interacción lo más fluida posible con nuestros compañeros "gringos".— Aquí quiero hacer una acotación, me parece en cierta forma injusto el hecho de que la norma de interacción con la gran mayoría de ellos siempre es: "tú debes hablar inglés". Es decir, ¡para ellos nunca fue una prioridad el poder hablarnos en español! Pero bueno, el caso es que Axel traía un nivel de inglés muy, pero muy básico, y dado su carácter, lo que buscaba por lo general era "cero" interacción con la Casa Matriz, es decir, "le huía a los gringos".

Para poder cerrar esta enorme brecha de interacción, acordamos apoyar a Axel con clases de inglés.

El tiempo y los cursos de inglés fueron transcurriendo y, al cabo de un tiempo prudencial, me reuní con él para ver sus progresos. Se me ocurrió empezar la plática en inglés, obviamente para medir real y efectivamente el objetivo buscado. Para mi sorpresa, Axel se trabó en el primer minuto de plática y buscó instintivamente cambiar la plática a español. *¡Wow!* Pensé, ¿qué podemos hacer para que finalmente Axel haga un salto de valor y venza esta barrera tan grande con el idioma inglés? También fui empático y traté de ponerme en sus zapatos, le conté a Axel mi historia personal con el idioma; yo pasé exactamente por el mismo camino que él se encontraba recorriendo en ese momento, y lo que hice fue tomar una decisión muy dura y retadora para mí porque no me quedó de otra más que iniciar la interacción directa con Gerentes de la Casa Matriz partiendo del nivel que en ese momento tenía de inglés y pidiéndoles mucha paciencia para darme a entender en cada interacción. En otras palabras, "¡Me lancé al vacío!", ya que muchas veces, tanto análisis produce parálisis. Y bien, en ese momento era "sí" o "sí" interactuar, ya que se trataba de una necesidad de la Operación y era una responsabilidad no negociable de mi rol en ese momento.

Así que le plantee a Axel lo siguiente: "Axel, eres consiente de que tu rol y nivel de responsabilidad ameritan que hagamos algo muy similar a lo que me ocurrió a mí hace un tiempo. ¿Qué te parece si le pido a nuestro Director Corporativo de Energía y Equipos de Mantenimiento que nos abra un espacio semanal o quincenal, en el que tú le puedas presentar nuestros Sistemas de Mantenimiento y a la vez le solicites el apoyo que necesitamos de su parte en lo que se refiere a los Proyectos de Mantenimiento que tenemos para los próximos dos años?". Axel estuvo de acuerdo, aunque bastante nervioso. ¡Pienso que al final cayó en razón y asumió bastante bien el reto!

Inmediatamente llamé al Director en USA, le comenté la iniciativa en cuestión y acerca de Axel para que le abriera un valioso espacio en su ocupada agenda, y le pedí de la manera más amable su paciencia dadas las limitaciones que ya expliqué de Axel con el Inglés. Gustosamente, el Director accedió y se puso a nuestras órdenes con un espacio semanal de media hora. ¡Excelente!, pensé; así que me reuní brevemente con Axel para comentarle y le ofrecí mi apoyo para definir la forma en que presentar toda la información en cuestión, la cual Axel dominaba a la perfección, solo que ahora le tocaba dar ese paso de valor y darse a entender en inglés. ¡No tienen idea de lo que Axel se preparó para esa primera junta! Escribió en un cuaderno con su puño y letra todo, absolutamente todo lo que pensaba decir en esa primera llamada. Durante esa primera junta con el Directivo, yo me ofrecí a estar con Axel para brindar todo mi apoyo; eso sí, sin quitarle su responsabilidad. La junta inició y los primeros quince minutos fueron un río de sudor y nervios para Axel, yo intervine en un par de ocasiones para dar a entender lo que Axel trataba de explicar, pero al final, los siguientes quince minutos transcurrieron en mejor forma porque Axel fluyó un poco mejor. Pienso que también ayudó mucho el hecho que el Director fue muy paciente y sensible con la situación, hablando muy lentamente para darse a entender y haciendo preguntas para confirmar su entendimiento sobre la presentación. Al cabo de un mes de juntas semanales, yo permití que Axel siguiera estas juntas con el Director y ya no participé más. Lo más satisfactorio fue, como era de esperar, que Axel superó sus temores y fluyó con el inglés. Pero aún más relevante fue que Axel mejoró sustancialmente su liderazgo y autoconfianza, porque se dio a conocer con nuestra Casa Matriz y aprendió a desarrollar redes de colaboración, ya que nuestros proyectos de mantenimiento lograron las aprobaciones necesarias en tiempo récord.

Pienso que esta historia refleja muy bien este enfoque de proveer dirección. Nosotros como administradores y líderes de personas debemos hacer que las cosas sucedan a través de otros, pero sobre todo, nuestro rol es mostrar el camino mientras cerramos las brechas de habilidades y desempeño. Cuando esto lo hacemos generando una influencia positiva en nuestra gente, logramos el éxito de forma sostenida en lo que hacemos. No tienes idea de lo que esta historia impactó a Axel en su proceder como líder y administrador, me comentó que para él esto fue un ***"verdadero aprendizaje"***, algo así como cuando uno aprende, por ejemplo, a andar en bicicleta: No te queda más que subirte y aguantar las primeras caídas y raspones. Luego ya nunca se te olvida cómo hacerlo.

PARTE II

El enfoque de Crear una Estrategia

Actualmente estoy leyendo un libro llamado ***"Ladrándole al árbol equivocado" del autor Eric Barker***. La forma en que el autor aborda el tema de cómo tener éxito en la vida me ha fascinado. Para ilustrar mi segundo enfoque de ***cómo crear una estrategia***, lo voy a relacionar con un concepto que ***Barker*** plantea en el Capítulo 3 de su libro para ser exitoso en lo que uno hace y disfrutarlo en el camino. Este concepto tiene que ver con la forma en que nosotros como seres humanos disfrutamos de los juegos en general, es decir, que cuando planteamos hasta la tarea más aburrida o abrumadora en forma de un juego, es más probable que tengamos éxito en desarrollarla y continuarla en el tiempo, que si lo planteásemos como una simple rutina o deber del día a día. Los juegos más exitosos que conocemos hoy día, desde juegos de video hasta los deportes como fútbol, juegos de mesa olas cartas, todos se rigen por estas 4 premisas básicas:

- Juegos que se pueden ganar.
- Juegos que desafían sin frustrarte al extremo.
- Juegos con metas claras y que gradualmente te invitan a seguir jugando.

- Juegos que te dan retroalimentación mientras juegas.

Con mucha frecuencia pasamos por alto en nuestra vida o en nuestro trabajo cómo generar una estrategia para cualquier tarea importante como lo puede ser un proyecto de vida o un proyecto relevante que se nos ha asignado. Pienso que esto nos pasa debido a que desconocemos lo que hay que hacer para tener una buena estrategia; o bien, incluso pensamos que cualquier cosa que tenga que ver con la palabra "estrategia" inevitablemente se refiere a algo muy complejo, complicado, o simplemente aburrido.

Luego de leer los cuatro componentes que tienen los buenos juegos, no me queda duda de que es una metodología efectiva para cualquier persona que necesite plantearse cómo crear una estrategia de forma simple y, mejor aún, ¡divirtiéndose en el proceso!

¿Cómo plantearse una estrategia exitosa para cualquier proyecto importante en tu vida?

En el inicio de mi carrera profesional participé como miembro de un equipo que recibió un gran reto en forma de proyecto estratégico para cambiar radicalmente la forma de producir nuestro producto: prendas de ropa íntima femenina producidas por unas seiscientas personas.

El negocio de ropa a nivel mundial es sumamente agresivo en términos de costos y competitividad en el mercado y, como en todo negocio, la ejecución de lo que se produce siempre se rige por estrategias de reducción de costos del producto. A nuestro equipo de trabajo se nos encomendó crear una estrategia para reducir al menos 10% el costo de fabricación de nuestra Planta. Ante tal reto, el equipo hizo una investigación y nos planteamos cambiar radicalmente nuestra forma de producción: de producir en equipos de 10 a 12 personas, nos planteamos movernos a un sistema de equipos de solo 2 personas. ¿Cómo logramos ejecutar un cambio tan radical?

- Juegos que se pueden ganar: una estrategia atractiva para toda la planta de producción.

  Al movernos de equipos grandes a equipos chicos, una gran mayoría de nuestro *staff* de producción vio muy atractivo esta nueva configuración de equipos, ya que usualmente en la configuración actual se tenían pérdidas de producción por problemas internos relacionados con diferencias entre los miembros de equipo. En otras palabras, ¡es más simple que tú te pongas de acuerdo con una persona, que con otras diez u once personas a tu alrededor todos los días!

- Juegos que desafían sin frustrarte al extremo: una estrategia divertida que te invite a jugar el juego.

Uno de los mayores beneficios que experimentamos con la nueva configuración de equipos fue la reducción del inventario de producción en proceso. Pasamos de tener miles de prendas a tener menos de diez piezas en cada equipo. Es decir, con esta configuración de dos personas, cada equipo fue reduciendo gradualmente el inventario y eso lo hicimos porque les planteamos incentivos y bonos por la reducción gradual pero constante de su inventario. Nuestro *staff* de producción realmente vio esto como un reto, incluso empezaron a competir "sanamente" entre todos lo equipos en una especie de carrera en la que buscaban tener la menor cantidad de inventario. Irónicamente, la reducción del inventario en cada equipo disparó la productividad de la Planta, pasando a producir más del 30% de lo que se producía antes, con el mismo *staff*.

- Juegos con metas claras, que gradualmente te invitan a seguir jugando: una estrategia muy conveniente de ejecutar.

  Nuestra estrategia desde un inicio la planteamos con una meta muy clara, pero sobre todo, muy atractiva para toda la Planta de Producción: aumentar la producción en al menos 30% con el mismo *staff* a través de un aumento en esa misma proporción en el salario devengado por efecto de ese incremento de producción. Es decir, ese aumento tan significativo en la producción debía verse reflejado en un claro beneficio para todo el *staff* de producción, en este caso, un incremento en el dinero que se llevan a sus casas cada día. Gana la Compañía, ganan también quienes generan dicha mejora, ¡un ganar-ganar para todos!

- Juegos que te dan retroalimentación mientras juegas: una estrategia que te permite medir su progreso mientras la ejecutas, y por tanto hacer los ajustes necesarios proactivamente.

  Como todo buen juego, implementamos un sistema de indicadores visibles

> a cada equipo de producción a lo largo de cada día de la semana. También, desde temprano, cada día los equipos sabían sus progresos o cualquier desviación de su meta diaria. También descubrimos en este proceso que esas desviaciones a la meta diaria fueron sustancialmente más fáciles de solucionar por dos factores: el tamaño reducido de cada equipo y el inventario mínimo de piezas que logramos tener en cada equipo.

Espero que esta breve historia de éxito te sea de mucho provecho cada vez que necesites de un método simple y efectivo para crear estrategias que te lleven a un siguiente nivel, en el plano de vida que lo necesites.

PARTE III

El enfoque de ejecutar la operación

La importancia de enfocarse en el proceso, no en el resultado. ¿Alguna vez has experimentado una prueba de liderazgo? Es decir, ¿algún momento en tu vida en el que debes influir sobre otra persona (o varias personas) para lograr la consecución de un resultado a través de ella o ellos mismos? Interesante… ¿no es así?

Te comparto una prueba de liderazgo que en particular a mí me costó sacar adelante, ya que, como es de esperar, el liderazgo uno lo debe de demostrar en todos los planos de su vida.

Incluso, y sobre todo, en el plano familiar. Mi hija menor es una chica única y singular, de fuerte convicción en sus expectativas. Resulta que ama el fútbol y detesta las matemáticas. En esta interacción constante entre el amor y el odio de una y otra cosa, entramos en cierto conflicto ya que, como era de esperar, la pasión por el fútbol le empezó a consumir la mayor parte de su motivación, tiempo y energía por encima de todo lo demás, pero sobre todo, se hizo el problema más evidente en sus calificaciones de matemáticas, todo lo demás lo fue llevando de forma bastante aceptable.

Ambos entramos en constante frustración: ella esperando aprender y resolver toda la materia y ejercicios pendientes justo el día antes del examen de matemáticas, así como exigiendo que yo le explicara todas sus dudas; y yo obligado, por consiguiente, a estudiarme toda la materia y repasar todos los ejercicios prácticos y resolución de problemas para después explicarle a ella, y lo más frustrante era que su actitud era siempre el principal bloqueador de su aprendizaje. Entonces, para salir de este círculo vicioso de cada ronda antes de exámenes, la invité a hacer una pequeña plática con el fin de entender su situación con las matemáticas (en ese momento estaba al borde de perder la materia y, por ende, ponerla en riesgo de repetir el año lectivo). Luego, aclaramos el hecho de que, al ser ella una estudiante, su responsabilidad primordial era la de salir adelante con sus estudios y bajo la consigna de no perder ni una sola materia cada año escolar.

Paso seguido, le comuniqué la consecuencia hasta este punto de suspender la práctica de fútbol para concentrarse en entender y recuperar su nota de matemáticas. Y finalmente, le propuse hacer una revisión de lo que debería hacer ella para salir de esta situación, por medio de preguntas que le fui planteando, llegó a un entendimiento, pero sobre todo, pienso que cayó finalmente en razón de que la única responsable de salir adelante de esta crisis *era ella misma*. Lo primero que le cuestioné a ella fue acerca de si llegaba a perder el año en matemáticas, ¿quién sería la persona que saldrá más afectada? Invariablemente, ella me respondió que todo el peso recaería sobre ella misma. "Entonces —le dije—, si la persona más afectada si pierdes el año eres tú misma, ¿bajo la responsabilidad de quién crees que está el poder revertir esta situación y recuperar las calificaciones?" Ella cayó en razón de que está enteramente bajo su responsabilidad el hecho de ganar o perder el año lectivo.

Sabiendo que la conversación iba por buen camino, le planteé el poder analizar un poco más a fondo cómo poder salir adelante con esta situación. Le dije, "¿Crees que las matemáticas se parecen al fútbol?

Es decir, para salir adelante con las matemáticas ¿hay que practicarlas frecuentemente, o más bien, con solo memorizarlas y estudiarlas un día antes podrías salir adelante?" Ella, me miró de reojo y me dijo que ya había intentado lo de memorizar unas horas antes, y evidentemente no le funcionó nada bien. "¿Entonces qué sugieres?", le pregunté. Ella, de una forma práctica, concluyó que las matemáticas, de hecho, se parecen mucho al fútbol, ya que en ambas el éxito es cuestión de práctica. Aun así, le insistí preguntándole nuevamente, "¿De práctica constante para tener éxito? ¿O algún tipo de práctica aislada y sin disciplina? Piensa tu respuesta como si fuese fútbol". Ella me respondió que, para ser exitosa en el fútbol, tiene que practicar a diario. "Muy bien" le dije "te sugiero en este punto, entonces fijemos algún tipo de acuerdo o meta a perseguir durante los próximos tres meses respecto a las matemáticas, como si se tratase de lo que estás persiguiendo actualmente con el fútbol. ¿Cuánto tiempo estimas que le puedas dedicar a la práctica de las matemáticas desde hoy y durante los próximos tres meses?" Ella reflexionó que al fútbol le dedica unas seis horas por semana (¡pero el fútbol le encanta!). De todas formas, concluyó que podía empezar por practicar matemáticas unas tres horas por semana, dado que tenía tres clases de matemáticas por semana, entonces se comprometió en practicar lo visto en cada clase por una hora.

"¡Perfecto!" le dije. "Probemos tu propuesta por los próximos tres meses y revisemos juntos tus notas, luego evaluamos".

Muchas veces a todos nos pasa como a mi hija, cuando estamos ante un problema complejo de resolver nos enfocamos más en perseguir el resultado, ¡pero dejando de lado el proceso que conlleva dicho problema para resolverlo desde la raíz! Mi hija estaba enfocada (desesperadamente) en la nota final, pero con un desenfoque total en el proceso (lento y riguroso) para lograr dicha nota. Fue justo en ese momento en el que sustituimos el indicador, nota final de trimestre, por otros indicadores de proceso, tiempo de estudio por semana y repaso "inmediato" de la clase vista cada día de la semana. Fue justo ahí cuando el tamaño de su problema finalmente lo comprendió en función de resolverlo poco a poco, hasta convertirlo en algo manejable, pero sobre todo, de tenerlo bajo su control.

Si hay un concepto que antecede al enfoque en Procesos, sin duda es el enfoque en Comportamientos. Volviendo a la historia de mi hija, realmente el factor determinante en darle un giro a su realidad de cómo vivir con las matemáticas fue el cambio de su actitud hacia éstas, es decir, siendo plenamente consciente de cómo comportarse ante un problema para poder sobrellevarlo con éxito a través de acciones previamente entendidas y teniendo claro cómo, cuándo y para qué ejecutarlas diligentemente.

Si no tienes claro el "para qué" haces algo, difícilmente podrás comportarte de manera consecuente hacia dicho propósito. Por esto es tan importante recibir dirección antes, luego entender si estamos o no alineados con un propósito y, finalmente, si lo estamos, demostrar con actitudes y acciones que vamos por la consecución de dicho propósito.

Este último paso de la Gestión Operativa es una consecuencia de los dos pasos anteriores: cuando interiorizamos y entendemos el "para qué" de una tarea, problema, proyecto o emprendimiento, entonces podemos identificar los comportamientos que necesitamos demostrar y, por ende, medir para saber si nos estamos conduciendo por la ruta segura y directa al éxito. Si además de esto profundizamos en las causas primordiales, esas que determinan eventualmente la solución del problema, o el éxito en el emprendimiento y nos enfocamos en el proceso para mejorar y sostener resultados excelentes en el tiempo, entonces podemos asegurar que nuestra gestión es creíble y confiable.

Estas tres historias que tal y como viste me sucedieron tanto en el plano personal como en el plano profesional, realmente fueron significativas, porque tuvieron un efecto positivo en mi vida y también en la vida de las personas involucradas. Principalmente por el cambio que nos impulsó a dar, el efecto fue algo así como una grada que subimos hacia la mejora personal de cada uno de los que fuimos partícipes de cada historia. Yo lo atribuyo al hecho de reconocer que, en cada caso, fue vital entender que bajo mi trinchera de líder y administrador de personas y procesos, tuve que dedicar tiempo para proveer dirección a los demás, para crear estrategias exitosas y para ejecutar el día a día en lo que haces, y por eso que se espera un resultado puntual y efectivo de tu parte. Espero que después de haber leído estas tres historias, te lleves estos conceptos a la práctica. Es decir, que generes acciones ya sea en uno u otro de los tres enfoques según tu necesidad, y esto te lleve al siguiente nivel en tu gestión como líder y administrador que genera prosperidad, estés donde estés.

"En todo proceso de emprendimiento siempre habrá dificultades [...] pero cada dificultad que vayas enfrentando te aportará aprendizajes, mejorarás tus habilidades, y cada día que pase te harán más fuerte y capaz".

- Carlos Manuel Castro Paniagua

Las dicotomías y los aprendizajes en el emprendimiento

PREMISAS

En la vida siempre hay claros y obscuros, luz y sombra, amor y odio, emociones positivas y negativas. Así también en el emprendimiento: existen dicotomías, como problemas y soluciones, felicidad y sufrimiento, logros y desencantos, aciertos y errores, avances y retrocesos; por lo que, el éxito dependerá mucho del balance positivo que logremos en el proceso, de hacernos conscientes de que la principal dicotomía será saber que difícilmente hay éxito sin fracasos, y que el éxito puede estar a tan solo un fracaso de distancia, a un paso más. Es por ello que debes ser resiliente, no rendirte y siempre continuar; puedes hacerlo despacio, pero sin pausas, y si te caes una vez, levántate dos y sigue adelante.

Te doy estas premisas iniciales porque considero que debes tenerlas presentes para que no actúen como depredadoras o inhibidoras de tu éxito. El hacerte consciente de ellas te ayudará a mantenerte en el camino positivo y no darte por vencido fácilmente; en todo proceso de emprendimiento siempre habrá dificultades verdaderas que resolver y otras que serán creadas por tu mente inconsciente; pero cada dificultad que vayas enfrentando te aportará aprendizajes, mejorarás tus habilidades, y cada día que pase te harán más fuerte y capaz. Mantente abierto a aprender, y aunque nunca hayas emprendido, debes fijar en tu mente que todos somos capaces de alcanzar el éxito.

Este capítulo tiene el objetivo de estimularte y enseñarte que el éxito es un proceso posible de lograr y que puedes prepararte, estudiar, aprender y, sobre todo, estar decidido, motivado e ilusionado para alcanzar ese algo que sueñas, eso que estás buscando, y que constantemente viene a tu mente. Así, paso a paso, irás descubriendo los secretos del emprendimiento; aprenderás que lo más difícil de vencer será a tu propio inconsciente, lo que tú mismo te dices y lo que en tu interior te cuentas. Pon mucha atención en esto, escúchate, descubre esas palabras y frases que utilizas, si estas te impulsan, continúa con ellas y, si no, modifícalas.

"Emprender, es ir a la acción y estar decidido a enfrentar la adversidad".

Carlos Castro

HISTORIA Y EXPERIENCIAS PERSONALES

Permíteme contarte ahora sobre mi historia, mis experiencias personales como emprendedor y cómo he logrado alcanzar la plenitud y mi libertad financiera de la que gozo hoy día. Estudié Ingeniería Industrial y he creado el hábito de seguir preparándome día con día. Hoy soy empresario, *master coach, speaker,* capacitador, transformador de ejecutivos, Doctor *Honoris Causa,* y por supuesto, escritor, con mis libros, *Liderazgo Disruptivo, Constructivo, Consciente; Auto Coaching / Tu coach personal; Züga la Oruga* (cuento infantil), y coautor de *Coaching y Liderazgo Ágil,* y el más reciente, *El Líder Roto.*

Sin embargo, debes saber que mucho de lo que he emprendido fue antes de tener toda esta preparación, que mis primeros emprendimientos fueron a través del esfuerzo y perseverancia, que no tuve a alguien que me guiara o enseñara a emprender. Sin embargo, alcancé muchas metas y obtuve grandes aprendizajes. No me arrepiento de haber emprendido desde temprana edad, de equivocarme y volverlo a intentar, ya que sentía que en cada paso que daba aprendía y eso me motivaba a prepararme aún más; aunque, por supuesto, si hubiese tenido más preparación desde el principio, los logros hubiesen sido más ágiles y precisos.

Hoy, gracias a todos esos intentos, preparación y aprendizajes, gozo de la tranquilidad que necesito para escribir y compartir lo que he aprendido. Estoy muy entusiasmado por ayudar a que otras personas como tú logren y alcancen el éxito con mayor facilidad, con menos esfuerzo y en un menor tiempo del que a mí me tomó hacerlo. Te aseguro que todos tenemos la capacidad de emprender y lograr increíbles metas, ya sea con algo pequeño o algo muy grande. Mucho dependerá de tu motivación, determinación, perseverancia, y de que te prepares y visualices hasta dónde quieres llegar.

"Si lo visualizas y lo sueñas, es porque puede materializarse, no solo somos observadores del universo, sino cocreadores de él"

Carlos Castro

Recuerdo que desde que tenía ocho años, ya visualizaba que debería ser exitoso en la vida. Observaba entonces con mucha atención cómo mi abuelo contaba su dinero en la mesa y después lo metía en una caja fuerte, para mí, ver eso, ¡era sorprendente! Recuerdo también cómo desde muy temprano se levantaba para ir a trabajar a su negocio, que en ese momento se trataba de una pequeña fábrica de quesos artesanales estilo Chiapas, de esos que aún encontramos en los supermercados con envoltura de celofán amarillo, papel cera y papel aluminio, esos que son como *blocks* o como yo les llamo, los ladrillos; quesos de doble crema tan deliciosos.

Yo convivía mucho con mi abuelo, era algo que disfrutaba. Aprendía mucho estando con él; asimismo, a mi abuelo le gustaba platicar conmigo, y durante mis vacaciones me llevaba con frecuencia a esa pequeña fábrica de quesos artesanales. Los llamo así porque la forma de elaborarlos era con herramientas y utensilios muy básicos, como las tinas de madera donde vertían la leche, prensas con torniquetes para escurrido y moldeado hechas de madera; ¡era increíble! A esa corta edad me aprendí todo el proceso de elaboración, que hasta la fecha recuerdo con mucha claridad.

Mi abuelo, definitivamente, era un hombre emprendedor, muy trabajador, y dentro de todo ello, era también muy exigente, con él mismo, con su personal y con la calidad en cada paso del proceso de fabricación. Considero que esta convivencia con mi abuelo me generó la primera impronta o ejemplo que me quedó grabado de forma inconsciente para emprender en algún momento de mi vida, y finalmente, así fue. A través de nuestra existencia tenemos muchas improntas como estas, aprendizajes inconscientes que se nos graban y utilizamos sin saber en el devenir cotidiano. Desafortunadamente, mi abuelo enfermó y no pudo mantener todo aquello que tenía, la abundancia se fue. Solo me quedaron los recuerdos, mi padre pasó también muy malos momentos económicos, y a mí me tocó empezar desde cero.

MIS PRIMEROS EMPRENDIMIENTOS:

Desde muy joven intenté realizar muchos pequeños negocios, como vender ropa usada, playeras nuevas estampadas, recolectar desperdicios de cobre y venderlos a una fundidora, fabricar algunos juguetes de plástico como lo fue un juego de Gato tridimensional hecho en acrílico, y otro de una sola dimensión inyectado en poliestireno, era un tablero plano con nueve cavidades para colocar las fichas de círculo y cruz que yo mismo fabricaba utilizando una inyectora de plásticos manual, y que mi esposa pintaba y empacaba para venderlos en los tianguis.

Después de varios emprendimientos pequeños, me asocié con dos amigos y empezamos a fabricar reflejantes, de esos que usan los camiones en la parte trasera para que reflejen la luz y los vean. Entre los tres socios aportamos los recursos económicos necesarios y de inmediato buscamos quién nos fabricara el primer molde, que yo mismo había diseñado; las piezas fueron hechas inyectadas en acrílico para obtener una buena calidad, y una vez que salía cada pieza de la máquina, le pegábamos una película o cinta engomada de doble cara, que al desprenderle la capa superior, se podía adherir prácticamente a cualquier superficie.

Muy pronto dimos a conocer nuestro producto en el mercado y logramos muy buena aceptación, iniciamos promoviéndolos en los pequeños negocios de venta de accesorios y refacciones para autos y camiones; todo salía de maravilla. Invertimos en un segundo molde para contar con dos tamaños; yo estaba muy contento e ilusionado con este proyecto, el fabricar los reflejantes en acrílico y con cinta autoadherible fue toda una novedad, no teníamos competencia, y así el dinero empezó a fluir y lo ingresábamos en el negocio de uno de los socios, ya que no habíamos dado de alta un negocio específico para este emprendimiento.

Desafortunadamente, cuando el dinero empezó a llegar y los pedidos se multiplicaban, iniciaron los problemas entre socios; habíamos invertido en partes iguales los tres, y la expectativa era la de obtener las mismas ganancias, pero no visualizamos que las responsabilidades y los roles serían diferentes. El socio que tenía su negocio establecido empezó a tratar de tener mayores ventajas y ganancias, argumentando que él se hacía cargo de la administración, así como de prestar su infraestructura para facturar; por otro lado, estábamos los que vendíamos y cobrábamos, y en mi caso particular, también me encargaba de la producción y de vender el producto en la Ciudad de México y ciudades cercanas como Toluca y Puebla.

Todo lo que empezó a acontecer no lo habíamos previsto, y desafortunadamente, surgieron insatisfacciones, discrepancias, y también desconfianza. Se volvió todo insostenible, y eso nos llevó a un final infeliz de fracaso: se decidió desmantelar el negocio y los moldes. Nadie quería que alguien en particular se quedara con todo, aunque uno de los socios ofreció comprar lo que hasta ahí teníamos. Su oferta no fue aceptada, y finalmente, optamos por no continuar y que ninguno se quedara con ese negocio.

Como verás, esta fue una amarga experiencia para mí, fracasar en un emprendimiento que pudo ser muy exitoso y no lo fue. Déjame decirte también que en ese momento yo no tenía un trabajo fijo que me diera otros ingresos para sobrevivir, mis ahorros se habían agotado, y no tenía condiciones para invertir más en otros moldes, como uno de los socios propuso, por lo que me urgía tener dinero de inmediato. Además, mi hija Karla ya había nacido y tenía solo un año. Así me encontré en una situación desesperada, de mucho estrés y no estaba en condiciones de empezar nuevamente desde cero.

Este emprendimiento en particular, con una idea novedosa para la época, lo realicé a la edad de 27 años, en 1978. Tenía dos años de haberme casado. Podrás ver que siempre he sido muy inquieto, pero, desafortunadamente, como te decía, nadie me enseñó a emprender; todo lo que hacía y aprendía era a prueba y error, y al principio, fueron más los errores que los aciertos. Como consecuencia de este fracaso, me deprimí, pues estaba muy ilusionado y sabía que era un buen negocio, lo había constatado; además, yo había sido quien tomó la iniciativa para llevarlo a cabo. Fue una gran decepción.

Dia con día me preguntaba cómo llegué hasta ahí, de qué no me di cuenta, qué fue lo que me faltó. Hubo varios días que me salía de la casa para simular que iba al trabajo y no preocupar a mi esposa diciéndole lo que había pasado; pero en realidad, iba a comprar el periódico y buscar empleo, ya que en esa época no existía internet y tampoco *laptops* o *smartphones*.

APRENDIZAJES Y RECOMENDACIONES:

Permíteme darte algunas recomendaciones basadas en los aprendizajes y experiencias que tuve en este emprendimiento teniendo socios:

- Asegúrate de que cuentas con los recursos económicos para invertir y sobrevivir en tu emprendimiento, y sobre todo, si no tienes un ingreso en paralelo.

- No pretendas vivir inmediatamente de los ingresos de tu emprendimiento, esto toma tiempo.

- Realiza un presupuesto de acuerdo a tu proyecto, considerando materias primas, empaques, sueldos, gastos de ventas, mercadotecnia, herramienta, equipos, distribución, impuestos, rentas, misceláneos, utilidades, retorno de la inversión, etcétera; cualquier negocio siempre tendrá este tipo de elementos.

- Si necesitas socios, de preferencia, que sean socios capitalistas, para que no tengan injerencia en las decisiones a tomar, solo en aquellas que les corresponda de acuerdo a su inversión.

- Asumir que no habrá discrepancias entre socios es un error que debes considerar siempre, escribe las reglas básicas desde un principio, los compromisos, y los roles que se tendrán.

- Establece lo que se deberá hacer si un socio se sale o tiene que ser excluido por alguna incompatibilidad con el negocio.

- Hazte consciente de que cualquier emprendimiento absorberá mucho de tu tiempo, que deberás trabajar duro, que tendrás estrés, y que, cuando menos al principio, necesitará de tu presencia.

- Para cualquier emprendimiento, es muy importante desarrollar un plan estratégico, estudiar el mercado, evaluar las necesidades y las posibles soluciones, la competencia, así como también analizar las fortalezas, oportunidades, debilidades y amenazas (FODA).

- Dar de alta el negocio ante hacienda en cualquiera de sus modalidades fiscales es vital.

    - Régimen Simplificado de Confianza.

    - Régimen de Sueldos y Salarios.

    - Régimen de Actividades Empresariales y Profesionales.

- Asegura que las personas que sean contratadas sean las adecuadas y que darán el rendimiento esperado, te sugiero utilizar mi modelo CHECAR para evaluarlas. Es un método muy sencillo y práctico, solo tienes que valorar del 1 al 10 lo que se requiere para el puesto y compararlo con lo que la persona posee para realizar su función con efectividad:

- Conocimientos, Habilidades, Experiencia, Compromiso, Actitud y sus Resultados previos; pon mucha más atención en la actitud (comportamientos), después en lo demás. Todo suma, pero la actitud multiplica.

- Aunque estés muy ilusionado por emprender, tómate el tiempo para investigar si tu producto o servicio es la solución para satisfacer la necesidad existente; después de esto, siempre agrégale valor para diferenciarte de cualquier competidor.

- Si te es posible, trata de evitar tener socios, y si los necesitas, debes asegurarte de que tienen una visión e intereses muy similares a los tuyos.

- Es de suma importancia analizar tus habilidades personales: qué haces muy bien, qué te gusta hacer, qué te emociona, y entonces, emprende en algo alineado con esto. Cuando reúnes a estos factores, se convierte en pasión, elemento crucial en el emprendimiento.
- Tener un trabajo fijo y emprender en paralelo es de mucha ayuda para no arriesgarse tanto y aprender, cuando menos en los primeros intentos.
- Crea una marca de impacto para tus productos o servicios y dalos a conocer utilizando todos los canales posibles, enfocándote en tu target y potenciales clientes.

Después de este emprendimiento fallido con los reflejantes, de no tener otros ingresos y haber invertido casi todo lo que tenía ahorrado, me vi en la necesidad de buscar una compañía con la que me pudiera contratar. Buscaba en los periódicos a una buena empresa que pudiera mejorar mis ingresos anteriores, y así sucedió; por buena fortuna, en solo veinte días encontré a Gillette de México, donde estaban buscando a una persona con mis atributos, conocimientos y experiencia, una excelente compañía que me contrató en 1979 con un sueldo mayor al que tenía, y con la que colaboré felizmente por 20 años.

Inicié en el área de manufactura como gerente del departamento de ensamble de encendedores Cricket, y gracias a mis resultados, constancia, actitud y motivación, a los tres años de gestión fui asignado a un programa de entrenamiento exhaustivo de un año en la planta matriz Safety Razors Division en Boston Mass., esto con el objetivo de que aprendiera sobre todos los procesos de producción de los productos Gillette. Al regresar a México, recibí mi primer ascenso, me nombraron gerente de ingeniería; nuevamente, en 1985, me convertiría en el gerente de producción. Con ello se completaban diez años en el área manufactura, y en 1990, fui invitado por el director general Silvio Perl a incursionar en Recursos Humanos en la posición de director, en la que permanecí por los siguientes 10 años en Gillette.

Quizá aquí te estés preguntando el por qué ese cambio tan brusco en mi carrera, y lo que puedo decirte por ahora, es que fue uno de los primeros cambios disruptivos que he tenido en mi vida profesional y personal. Aceptar esa oportunidad fue algo muy difícil, pero de lo que nunca me he arrepentido. Si bien estudié Ingeniería Industrial, esta nueva etapa profesional me permitió adentrarme y profundizar muchísimo en el campo del Recurso Humano, sobre todo aprender y comprender más a ese SER humano que somos; cómo pensamos, por qué somos como somos, cómo funcionan las emociones, qué nos impulsa al logro, cómo funciona nuestra mente, qué es el consciente y subconsciente, cómo se forman las sinapsis neuronales, nuestras creencias y paradigmas, cómo respondemos a nuestra realidad y entornos, y sobre toda esa grandiosidad que somos como seres humanos.

Como verás, el área de Recursos Humanos me atrapó y me proyectó, ya que continúo mi carrera dentro de este campo hasta la fecha. Posterior a Gillette, me contraté con Philips Mexicana como director corporativo de RH, otra gran empresa de renombre internacional en ese entonces. En Philips, tuve a mi cargo diecisiete plantas productivas a nivel nacional, principalmente plantas maquiladoras ubicadas en la frontera con EUA, además de la planta y el corporativo en la Ciudad de México. Dos años más tarde, decidí moverme a la vicepresidencia de RH en Maxcom Telecomunicaciones, donde realmente me hicieron una oferta difícil de rechazar. Al final de mi trayectoria laboral, me contraté con Baxter México.

Pasaron casi veinticuatro años para decidirme a volver emprender. Estando aún en Maxcom, renació esa cosquillita que había quedado con vida latente, e inicié en paralelo un nuevo emprendimiento en la remanufactura de cartuchos de tóner y tinta, negocio que me pareció de mucho potencial, ya que la industria de la impresión estaba en un franco crecimiento y los cartuchos mayormente utilizados eran los originales que tenían un costo muy superior a los remanufacturados.

Planee el negocio, investigué el mercado, a los proveedores de insumos, precios de los diferentes productos, calculé la inversión necesaria, los equipos que se requerían, viajé a EUA para ver alternativas, hice un presupuesto, calculé impuestos, gastos, ingresos brutos, netos y la utilidad que podría obtener; así, también proyecté la curva requerida en el tiempo para llegar al punto de equilibrio y el crecimiento potencial. Todo un plan estratégico de negocios.

Después de todo esto, me di a la tarea de formalizar el negocio al obtener el acta constitutiva correspondiente, darlo de alta en hacienda, conseguir un contador externo y todo lo que un negocio requiere para funcionar; esta vez, tenía los recursos suficientes y solo a un socio, y este era mi hijo Carlos. No quería saber más de dificultades con socios desconocidos, como las que había tenido en años anteriores.

Contraté, entonces, personal técnico especializado en esta rama, renté un local para el taller, y abrí formalmente el negocio al público. Todo funcionó de maravilla, el crecimiento esperado y las ganancias se empezaron a dar, y en menos de cuatro meses habíamos llegado al punto de equilibrio, o sea que yo ya no necesitaba seguir aportando más de mi propio dinero para mantenerlo. El negocio ya era autosuficiente. Invité a un gerente que lo administrara y lo hiciera crecer, pues sabía que a mí, al estar trabajando como vicepresidente de Recursos Humanos, no me darían los tiempos para atenderlo.

Aquí aprendí que hay una diferencia entre ser emprendedor y ser empresario, y que uno debe decidir lo que quiere y puede hacer mejor: el emprendedor es esa persona inquieta, creativa, que visualiza necesidades y desea satisfacerlas, es quien encuentra oportunidades, el que se motiva con llevar una idea a la implementación, que se alimenta de retos y de aprendizajes; mientras que el empresario, es aquel que está en un negocio, lo administra y lo va haciendo crecer a través del tiempo, es ese que tiene la capacidad de dirigir y establecer las estrategias para mejorar el G.P.S. de forma continua.

El G.P.S. del negocio es un concepto que acuñé desde mi primer libro que escribí sobre liderazgo, *Liderazgo Disruptivo, Constructivo, Consciente,* el cual puedes encontrar en Amazon. El G.P.S., por sus siglas en inglés, se refiere a **G**rowth / Crecimiento, **P**rofitability / Rentabilidad, **S**ustainability

/ Sustentabilidad. Estos tres elementos son los que siempre están buscando los directivos, dueños de negocio, y. por supuesto los emprendedores: crecer, ser rentables y mantener sus negocios sustentables o sostenibles en el tiempo.

El negocio de los cartuchos continuó por varios años bajo la marca Sunrise, que significa amanecer en español. Este nombre tenía dos propósitos: el primero, posicionar una marca en el mercado; y el otro, era que, después del fracaso de mi emprendimiento con los reflejantes, sentía que mi emprendimiento tenía que renacer, y la palabra amanecer me pareció con mucho sentido, ya que cubría con mis dos objetivos: ¡El sol empezaría a brillar nuevamente!

Sunrise funcionó de maravilla y cada día se conquistaban nuevos clientes, ya que nuestro proceso de remanufactura era de muy buena calidad al cambiar las piezas internas del cartucho que se desgastan con el uso, totalmente diferente a lo que otros hacían al solo rellenarlos con tóner. El negocio subsistió por más de 8 años, hasta que en la industria de los cartuchos originales empezaron a sofisticarlos, introduciendo chips o contadores internos para que, al llegar a determinado número de impresiones, ya no imprimieran y, asimismo fueron, realizando otras innovaciones tecnológicas con la finalidad de dificultar los procesos de remanufactura. Esto era algo casi obvio, pero no lo vi, por lo que decidí traspasar Sunrise e ir por el siguiente emprendimiento: fue entonces cuando le di vida a HR Consulting & Search, de la cual soy presidente desde hace 16 años.

Tomando como aprendizaje los acontecimientos anteriores, esta vez, al formar HR Consulting, cumplí desde un principio con los requisitos para formar una S.A. de CV. En esta nueva etapa, me distanciaba de la manufactura y entraba en el campo de servicios y los Recursos Humanos, donde ya me venía desenvolviendo por más de 18 años. HR Consulting, hoy día, a pesar de los golpes que recibimos con la pandemia, sigue en pie, operando a nivel nacional desde la Ciudad de México y su sucursal de Querétaro. Te comento que, por el momento, he decidido dejar el emprendimiento y consolidarme como empresario para que HR Consulting retome el vuelo.

Basado en toda esta experiencia acumulada a través de tantos años, y como cierre de mi capítulo, quiero compartirte los atributos que considero más relevantes que una persona debe tener o desarrollar para ser un buen emprendedor. Te reitero que todos ellos son posibles de aprender o desarrollar si te lo propones, si te esfuerzas y te enfocas en ellos.

"Haz que el desconfort del emprendimiento te sea confortable"

Carlos Castro

ATRIBUTOS DE LAS PERSONAS EXITOSAS EN EL EMPRENDIMIENTO: Te doy estos con la finalidad de que los conozcas, los reflexiones; que tú mismo te evalúes y veas si te hace falta reforzar o desarrollar alguno de ellos.

1. Identifican muy bien en lo que son buenas y se levantan por las mañanas deseosas de hacerlo.

2. Se aseguran que su emprendimiento ofrecerá algo valioso que los demás no están ofreciendo.

3. No se quejan ni se lamentan y poseen una gran capacidad de persuasión.

4. Saben que las oportunidades están donde hay problemas y personas quejándose.

5. Son arriesgados y se enfrentan al mundo, sin importarles lo que va a pasar.

6. Si hay algo que no saben o no pueden hacer, se rodean de quienes sí pueden.

7. Aprenden a manejar la presión, no ceden a sus miedos y nunca se rinden.

8. Trabajan con tenacidad y perseverancia; a veces despacio, pero sin pausas.

9. Asumen la responsabilidad de sus resultados y de su propia vida.

10. No se dejan persuadir fácilmente por lo que otros dicen y se sienten orgullosos de lo que son y de lo que están buscando.
11. Son forjadores y alquimistas de su propia vida y destino.
12. Desarrollan el hábito de aprender algo nuevo todos los días.
13. Tienen mucha imaginación, y crean cosas disruptivas que otros difícilmente pueden visualizar.
14. Hacen que las cosas sucedan, son protagonistas y nunca se considerarán una víctima.
15. Lideran el cambio, aprenden de sus propios errores y siguen sus instintos.
16. Llevan siempre consigo buenos valores, como la integridad, el respeto y la bondad.
17. Son inquietas y mejoran constantemente el concepto que tienen de sí mismos.
18. Se mentalizan para cuando hayan muchos retos e inconvenientes que deberán ir resolviendo, compitan y se diviertan.

(TALENTO + AMOR POR LO QUE HACES) = ÉXITO

Gracias por leerme, te deseo mucho éxito.

"Siempre busca la luz, enfócate en lo que más te inspire, ya que es eso es lo que te va a impulsar a transformar eso que se vive difícil en algo que se vive aprendiendo y compartiendo".

\- Pili Fuentes

Las flores te regalan momentos

A finales del 2018 me diagnosticaron un tejido graso en el gemelo de mi pierna derecha comoun tipo sarcoma desdiferenciado, un tipo de cáncer muy raro.

Soy paciente del Instituto Nacional de Cancerología en México, lo cual me hace sentir muy afortunada, pues es el instituto más importante de estudios de esta enfermedad en México.

Aquí hay muchas desventajas en el sector de salud —y en muchos otros más—, pero el INCAN (Instituto Nacional de Cancerología) es una institución que, por sus médicos, enfermeras y personal en general, hace que brille México frente a las adversidades políticas en las que mi país se encuentra.

En el INCAN hay muchas historias que se cuentan y que representan a nuestro país y sus necesidades; nosotros, los pacientes, formamos parte importante de esas historias. El INCAN no es un hospital lindo; así lo digo, no es un hospital donde hay cuneros. Es un hospital donde se conjugan las ganas de vivir, la ambivalencia y la esperanza. Todos los pacientes que estamos ahí formamos una hermandad en cada departamento, en cada sala de espera, en cada quirófano; juntos, nos acompañamos y nos alentamos unos a otros.

Cuando empezó mi jornada en el INCAN tenía la necesidad de conocer más de mis compañeros de sala de espera. Fue una jornada de siete meses diarios, visitas necesarias para completar los estudios y tratamientos, y fue cuando me di cuenta de que no soy la única que vive esta contrariedad, porque ahí respiras la incertidumbre de la vida y la muerte cerca de ti. Todos los que estamos ahí tenemos una historia, pero cada una la puedo percibir con sus diferentes necesidades. Me resultó claro que siempre había alguien que necesitaba más de todos, y de alguna forma, también me di cuenta de que debía haber una manera de ayudar. Ayudar con lo que yo sé hacer, con lo que más me gusta hacer: con las flores.

Hay por ahí quien dice que las necesidades de cada quien son diferentes, pero en temas de salud me atrevo a decir que todos pasamos por la misma necesidad básica de vivir bien. Desafortunadamente, no todos pueden alcanzar el vivir bien debido al costo monetario que tienen los tratamientos, y eso es una realidad que a todos nos afecta, a cualquier nivel, aunque unos son más o menos afortunados que nosotros. Es ahí donde enfoco mi atención porque, si de primera es difícil vivir momentos de salud vulnerable, de segunda es no poder atender esta vulnerabilidad, aunque sea tratable, por no contar con los recursos económicos, por ser víctima de un país con un gobierno que no tiene como prioridad a sus enfermos. Es un punto tan delicado, y es el que me hace sentir que todos tenemos el poder de hacer algo unos por otros.

Soy florista de profesión, me gusta mucho trabajar con flores. Las flores me han llevado a muchos lugares muy lejanos de mi casa; mi trabajo se ha llevado a conocer el extranjero y he formado redes de amigos de la industria de la flor, mayoritariamente en los Estados Unidos y Europa. En mi camino, he tenido la gran oportunidad y fortuna de conocer y trabajar con diseñadores florales reconocidos mundialmente.

Le di muchas vueltas a cómo, con las flores, podría crear un proyecto donde pudiesen beneficiarse mis compañeros de sala de espera, mis compañeros de laboratorio, de resonancia y rayos X; ellos, quienes se habían convertido en mis hermanos, quienes de verdad necesitan una ayuda extra; ellos que, además de pasar por la desfortuna de un diagnóstico en desventaja, tal vez vienen de lugares muy lejanos y en condiciones difíciles. Ellos, que llegan hasta la Ciudad de México y no tienen recursos económicos para estar en tratamiento y quedarse días o semanas en la ciudad. Ellos, mis hermanos, necesitan que los ayudemos.

Con una planeación inspirada en Flower House Detroit, empiezo a diseñar un evento en donde diferentes diseñadores florales muy conocidos en la industria floral vienen a la Ciudad de México a impartir talleres de instalación floral a diferentes alumnos, se crean espacios hermosos con flores, se crean conferencias con temas de interés y se crea una comunidad que trabaja para hacer cosas lindas para ayudar a mis hermanos. Así es como en el 2018 nace Flower House Mexico, su nombre en inglés porque el nombre en español estaba ya tomado por una serie de una plataforma conocida. Es un proyecto que siempre ha tenido como objetivo recaudar fondos para ayudar a los niños con cáncer en México y al INCAN.

A la par de la creación de Flower House Mexico, tuve una cirugía oncológica y radiaciones en mi pierna, lo cual me animaba más a hacer de esto una realidad. El convivio diario en el INCAN durante siete meses me dio la gran inspiración y pilas para seguir enfocada y ejecutar mi proyecto.

La primera edición de Flower House Mexico tomó lugar en una casa vecindad en la colonia Nueva Santa María la Ribera en la Ciudad de México. Seis diseñadores florales reconocidos internacionalmente y una gran fotógrafa atendieron a mi llamado, un grupo de floristas de todas partes del mundo se sumó a pertenecer al equipo de apoyo para ejecutar este gran evento, así como mis amigos y compañeros de trabajo, todos como una gran y nueva comunidad.

Entendiendo que México es un país donde la corrupción pareciera una enfermedad arraigada en la sociedad y normalizada a muchos niveles, y además, que formar una fundación no era lo que estaba buscando, me di a la tarea de buscar una fundación seria en México que fuera transparente y que tuviera experiencia en el campo de ayudar a personas con la enfermedad. Encontré a Casa de La Amistad, Niños con Cáncer, quien ha acobijado a Flower House Mexico desde el día uno.

Casa de La Amistad, Niños con Cáncer, es una fundación que tienen más de treinta años ayudando a niños y padres. Cuentan con un maravilloso albergue en Xochimilco, ayudan verdaderamente a los niños que tan desafortunadamente enfrentan esta enfermedad, además de a la desventaja económica que no ayuda en nuestro país. La falta de medicamento, tratamiento, quirófanos y más es un problema serio que se escucha hoy en día en los noticieros y se lee en los periódicos , pero eso no es nada cercano a la cruel realidad de nuestro tan lastimado México.

Casa de La Amistad, Niños con Cáncer, ha apoyado y creído en Flower House Mexico desde su inicio. Tuvimos el acuerdo de destinar un porcentaje de los fondos recaudados con el proyecto para ayudar al Instituto Nacional de Cancerología, con lo cual me siento tranquila por devolver un poquito de lo tanto que hacen en el Instituto por mí y todos mis hermanos, los compañeros que están conmigo en momentos difíciles, que me entienden más nadie, que saben perfecto lo que estoy viviendo. Por ellos, por esta fuerza.

La primera edición de Flower House Mexico fue una sorpresa exitosa para todos: para los diseñadores florales que vinieron a impartir sus clases; para los alumnos; y para el equipo de ayuda que vino de Brasil, Guatemala, Estados Unidos y Canadá. Para todos fueron tres días de trabajo duro pero muy satisfactorio en el que se conjugaban la amistad, la belleza estética de instalaciones florales y esta gran comunidad enfocada a ayudar a mi querido México.

Por mi parte, ya en remisión o vigilancia, seguí en la tarea de buscar cómo repetir con una segunda edición, pero no se conjugó hasta un año y medio después.

Necesitaba informarme más de cómo hacer más grande y mejor el proyecto, buscar ayuda profesional en el ámbito y volver a llamar a diseñadores que quisieran venir a México, sin ninguna paga, como voluntarios; pues, como he dicho siempre: lo que menos gaste en esto, más ayudamos.

Creo que, aunque estés en vigilancia, llevas siempre la experiencia y aprendizaje de la enfermedad en el corazón. Las ganas de ayudar a otros se convierte en una necesidad vital; por lo menos, ese es mi sentir tras este largo camino.

En enero del 2020 se lleva a cabo la segunda edición de Flower House Mexico en la Ciudad de México; una vez más, se crea una maravillosa comunidad de diseño, de amistad, de ganas de ayudar.

Seis diseñadores florales atienen a mi llamado y vienen de los Estados Unidos y España voluntariamente a emprender nuestra segunda aventura. Alumnos que vienen desde Australia, Nueva Zelanda, Corea, Europa, Canadá, Estados Unidos y México. Una fotógrafa que tiene reconocimiento internacional en la industria de eventos, una asesora de moda para marcas de vestidos y accesorios de novias de Nueva York. Todos juntos formamos la comunidad Flower House México segunda edición.

Esta segunda edición empieza a atraer los ojos mundiales no solo de la industria floral, sino también de la industria de los eventos. Mundialmente nos empiezan a seguir en redes sociales, nuestro correo electrónico se empieza a saturar de correos electrónicos pidiendo información y, a su vez, empiezo a agarrar más confianza para pedir más voluntarios, recursos y donativos. Grandes personajes como un mayordomo japonés nos enseña a poner mesas para eventos, grandes amigos que una vez más atienden a mi llamado para hacer algo muy bonito y lleno de experiencias sensoriales con el fin de ayudar a mi México que tanto quiero.

En enero del 2020 no sabíamos que una pandemia nos arrasaría mundialmente y que, para muchos, Flower House México fue el último viaje que harían antes de la pandemia. Nos llevó a una plataforma de añoranza y agradecimiento, y nos unió más como comunidad.

Durante los periodos de pandemia seguí estando en vigilancia, trabajando lo más y mejor pudiera. La crisis económica llevó a la industria floral al suelo y llevó a muchos a la quiebra, ya que los eventos mundialmente no estaban permitidos y, definitivamente, no era una industria que se recuperaría ni fácil ni rápidamente. Tomaría años levantarla. Todos vivimos una crisis, pero los que más la resintieron fueron nuestros niños enfermos en Casa de La Amistad y la ayuda que destinamos al INCAN.

En esa cuarentena que fue eterna, me dediqué a perfeccionar más el proyecto de Flower House Mexico y mejorar las áreas de oportunidad que habían arrojado las encuestas finales del evento. Habría que diseñar algo muy grande y jugoso, pero también habría que esperar el momento en el que todos estuviesen recuperados económicamente para que así estuviesen en condiciones de ayudar. Habría que esperar, pero, desafortunadamente, la enfermedad no sabe esperar y tiempo es crucial en esto.

En diciembre del 2021, me vi obligada a tener otra cirugía en mi pierna, mismo lugar. Esta vez, por una masa de grasa que tenían que remover y un proceso de injerto para generar más piel, lo cual me llevó a reposo físico durante dos meses. En el tipo de trabajo que hago como florista y floricultora, el movimiento físico es necesario. Estar en reposo y detenida me llevó, como cofundadora de la Asociación Europea de Floricultores, a ejecutar nuestra segunda edición de conferencias entre floricultores de Europa y, al mismo tiempo, pensar cómo podría mejorar nuestro tan lejano Flower House Mexico. La espera era eterna, pero poco a poco las economías mejoraban, empezábamos a tener más eventos, más confianza para ejecutarlos. Todo empezaba a tomar forma de vuelta para impulsar esta tan lastimada industria floral y de eventos.

Para junio del 2022, tuve una recurrencia; otra masa de grasa y el mismo diagnóstico. Esta recurrencia lleva a los doctores a tomar la decisión de mandarme al departamento de Oncología Médica para un tratamiento de quimioterapias. Es entonces cuando entendí la vulnerabilidad de la vida, el estar en esa incertidumbre de perderlo todo, incluso la vida. Las preguntas que pasan por tu cabeza cuando recibes noticias en las que, si bien no entiendes los términos, entiendes que estás en un estado adormecido, lleno de todas las preguntas y ninguna respuesta, a la expectativa, a la espera; una espera que puede durar eternamente, de 20 minutos a 4 horas. Estas en otra realidad.

Me habrían de poner 5 infusiones diarias de quimioterapia por 5 horas cada una, de lunes a viernes. Descansaría por 2 semanas y haríamos estos ciclos 3 veces. Perdería todo mi cabello, los riesgos colaterales sonaban muy agresivos, pero teníamos que actuar rápido y granarle a la gran enfermedad. Todo esto sin perderme la experiencia de la colocación de un catéter en el pecho del lado derecho, que estaría conectado a mi corazón y por una vena, directamente a la torre sanguínea. Así, vulnerable; directamente a mi cuerpo, a mi ser.

Con la ayuda de familiares y amigos, me armé de valor y empecé el camino más difícil de mi vida y, sin duda, el que más gratificantes enseñanzas me ha dado. La vulnerabilidad, la práctica de ponerte constantemente en las manos de Dios, definitivamente te hace otra persona. El estar consciente e inconscientemente atenta a lo que puedas estar sintiendo; voltear a tu lado y ver a tus hermanos y compañeros de fila sintiendo lo mismo que tú, viviendo lo mismo que tú, respirando la ambivalencia de la vida y la muerte, la esperanza, la sonrisa, el amor que nos podamos tener, te lleva a esta plataforma de aprendizaje que, genuinamente, desde el centro de tu corazón y de tu alma, te transporta a una necesidad y deseos de querer vivir, de ayudar con más ganas, de ser mejor, de sonreír con el corazón.

Es devastador ver el gran desabasto médico en el que mi país se encuentra. Durante la pandemia y con la nueva administración, hemos vivido escenas muy tristes en la historia, en las que la humanidad está jugando las peores cartas. No es posible ver al Instituto como el gran padre que nos acobija a todos en gran decadencia; no tenemos agujas para catéter, no hay medicamentos, no hay tratamiento. Es una moneda al aire todos los días y, al no saber si te podrán dar quimioterapia, radiación, medicamento o vacunas, en mi mente solo pasa la pregunta de cómo podemos ayudar, pues los que están a cargo de esta parte tan importante en nuestro país están más ocupados en temas de política, y eso no lo podemos controlar como pacientes.

Flower House Mexico estaba esperándome. Era momento de programarme para salir bien del tratamiento de quimioterapia; tenía que salir adelante, triunfante, con fuerza. Programé horarios de comida, descanso, baños en tina de agua con hielos y comida saludable. Tenía que salir todo bien, pues me esperaba mucho trabajo. Con la ayuda de mi familia, amigos, terapeuta y doctores, salí con un resultado exitoso para mi salud, dos cirugías consecuentes en la pierna y no mucho tiempo ni pelo para lanzar la tercera edición de Flower House México en la Ciudad de Oaxaca.

Si bien la duda y los miedos están siempre latentes, nada es seguro en la vida. Esto me ha enseñado a vivir la vida sin esperar nada, a entender que la vida está llena de sorpresas, de retos, y que tenemos que aprovechar cada minuto dado. La fragilidad y el entendimiento de esta son mis mayores maestros y aliados; no puedo detenerme, el poder de ayudar con flores y con mi comunidad es una de las mayores satisfacciones y motores para seguir. No importa cómo, solo es cuestión de dejar que tus miedos sean ese impulso que necesitas para hacer un cambio en ti y generar un impacto positivo en otros.

Debo seguir en el mismo enfoque, debo revivir los momentos que nos dieron las dos ediciones pasadas de Flower House. Es una manera de activarme, de ocupar la mente en algo que me gusta y con lo que puedo ayudar. Me da ese poder que necesito en los momentos más difíciles; es esa gran comunidad, la creatividad, la hermandad, la residencia reflejada, la que me motiva a seguir y a atravesar mis miedos. Son las ganas de querer vivir, como magia; esta magia que sucede en mi ser para avanzar y poder ayudar a los que viven lo mismo que yo.

Flower House México - Ciudad de Oaxaca 2023 se llevó a cabo en enero de este año con ventas disparadas, lugares sobrevendidos y patrocinadores que no habríamos imaginado estarían sumándose a la causa. Diseñadores, estudiantes, fotógrafa, estilista de moda y ayudantes de todas partes del mundo nos visitaron y formamos una comunidad con integrantes de Finlandia, Bélgica, Irlanda, España, Ucrania, Corea, Estados Unidos, Canadá y México, todos en ayuda a Casa de La Amistad y el INCAN. La experiencia más satisfactoria en mi camino, si bien solté mucho durante mi último tratamiento. Ha sido muy gratificante el poder expandir de esta manera la consciencia de que se puede ayudar con lo que amas hacer, el voltear a tu lado y entender que, en unión, se puede llegar a más.

En los primeros momentos de mi tratamiento de quimioterapia pensaba mucho en que ningún ser humano se merece pasar por algo tan terrible y difícil, ninguno. Después me di cuenta de que para mí era necesario pasar por esa experiencia para saber y entender la importancia de ayudarnos uno al otro y, más importante, aprender a sonreír con el corazón, ese que tanto nos da. Ese corazón nos une, ese corazón nos impulsa; sonreír con ese con el que se nos conecta a Dios, al Universo, al Ser Supremo. El que más nos ama, ese; ese que es el que te da los mejores aprendizajes y las experiencias más gratificantes.

Por muy tormentoso que parezca lo que estás viviendo, recuerda que nada es para siempre, que vienen días mejores y que de este tormento viene algo que seguramente aprenderás. Si te pones abusado, podrás tener satisfacciones; sigue adelante, sonríe y regala esa sonrisa que tienes en el alma y que hace que brilles. Recuerda que el camino que contiene momentos de miedo y momentos de vulnerabilidad es un camino que te puede dar mucha fuerza. Siempre busca la luz, enfócate en lo que más te inspire, ya que es eso es lo que te va a impulsar a transformar eso que se vive difícil en algo que se vive aprendiendo y compartiendo. Levanta la cara y compártelo, que todos estamos en un camino y caminarlo juntos lo hace más divertido.

Sonríe con el corazón.

Pili Fuentes Febrero, 2023

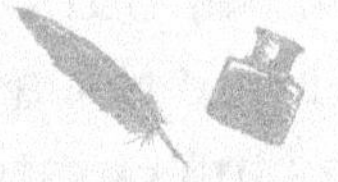

"Una de las reglas de oro en todo emprendimiento es la empatía, pues con ella es posible entender la realidad que te rodea y conocer, mas no interpretar, las necesidades de tus posibles clientes".

- Yanet Pájaro

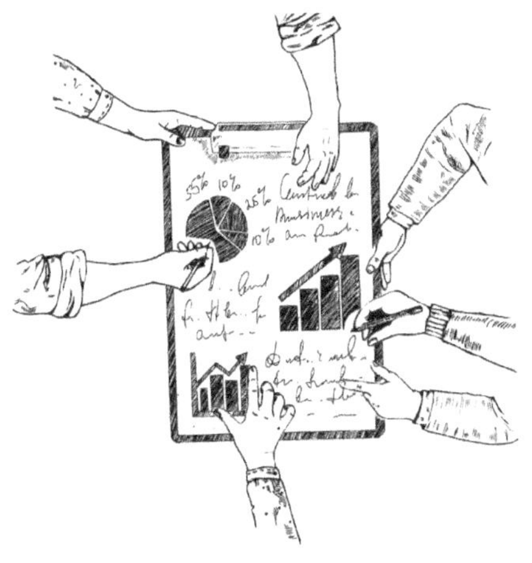

De una afortunada casualidad a un crecimiento consciente

La valentía de emprender y ganar

No es fácil emprender ni tampoco lo es lograr el éxito. Sea lo que sea que decidas hacer con propósito productivo, esto implica una gran conexión con tus capacidades, un elevado nivel de dedicación, sacrificio y sobre todo tener concretos y claros tus objetivos. Emprender es saber exactamente qué quieres tú y qué necesita el nicho donde quieres desarrollar tu futuro negocio.

Una de las reglas de oro en todo emprendimiento es la empatía, pues con ella es posible entender la realidad que te rodea y conocer, mas no interpretar, las necesidades de tus posibles clientes. Este valioso descubrimiento llegó a mí desde muy niña y por una casualidad, basada en una necesidad propia, pasé a entender el crecimiento consciente de un negocio.

Con este episodio fue la primera vez que vendí un producto. Tenía seis años y mi madre me había regalado un bolso de *blue jean* que yo consideraba un gran tesoro. Mientras que unas niñas elogiaban mi nueva adquisición y yo regodeaba una emoción desbordada, vi a mi mamá preocupada porque no tenía dinero para comprar comida ni los pasajes para buscar trabajo. Fue en ese momento, mientras mi madre lloraba, cuando me di cuenta de que yo poseía un bien de valor que otras personas también anhelaban.

Salí corriendo a la casa de una amiga y, con todo el dolor que me daba desprenderme de mi hermoso bolso de *blue jean*, toqué la puerta de metal de su casa. Recuerdo que toqué tan fuerte la puerta que el sonido me aturdió. La mamá de mi amiga salió un poco molesta a ver qué era lo que ocurría, pero yo estaba acelerada y sin pensarlo mucho le grité desde afuera: "¡Te vendo mi bolso!". Su mamá debatió conmigo el precio, sin embargo, yo me mantuve firme y le dije: "Son cinco bolívares, ni un bolívar menos". Ella aceptó mi oferta y le vendí mi preciado bolso de *blue jean*.

Esa experiencia me permitió descubrir cómo puedo obtener dinero, **si sé qué es exactamente lo que otros necesitan o quieren.** En 30 años, esta habilidad se convirtió en mi elemento diferenciador de la competencia, porque investigo, observo, me pongo en los zapatos de los demás y escucho a mi cliente para entregarle lo que realmente necesita.

De esa niña de 6 años, ahora soy una mujer emprendedora y empresaria, conservo su valentía y deter minación para dar solución a los problemas. Entiendo que no soy la solución perfecta para todos; no obstante, cuando estoy en un proyecto me sumerjo por completo en el mundo de mi cliente ideal.

Como emprendedora de una empresa de servicios, el valor más importante que tiene mi marca es la empatía. Es por esto por lo que me he dedicado a conocer mis propias emociones para entender las necesidades del otro, siempre escuchando con una presencia plena. Hoy por hoy, estas herramientas me han ayudado a ser una experta en diferenciar lo que realmente necesita mi cliente y, en este punto, mi cliente se convierte en un reto para lograr así el éxito en conjunto.

El emprendedor estudiado

Una de las claves en mi desarrollo como emprendedora y creadora de negocios se sustenta en mi educación como gerente empresarial para el mercado latino, que sería para el mundo anglosajón un MBA, y todos los estudios que posteriormente logré realizar.

Mi carrera como gerente empresarial empezó en una organización que me dio la oportunidad de estudiar y poner en práctica todo lo que aprendía en la universidad. Con todas las habilidades y el conocimiento que fui adquiriendo de manera académica y experimental, implementé un eficaz sistema de gestión empresarial, donde optimicé sistemas y creé una cultura organizacional basada en el amor al trabajo; en este punto me refiero al verdadero amor por lo que haces, sin elementos escondidos de las prácticas empresariales de mitad de siglo al ser consciente de enaltecer el amor por lo que cada uno hace, donde también la responsabilidad, el profesionalismo y el servicio idóneo y estratégico eran las características básicas para cumplir la estrategia organizacional.

La efectividad de esta gestión se proyectó en un alza notable en la rentabilidad del negocio para los inversionistas y en una disminución de los gastos, logrando llevar a la práctica las famosas 3E de los negocios, que permiten alcanzar una visible competencia y consecución de objetivos en el resultado final.

Sin embargo, como el crecimiento es de quien asume retos y los enfrenta, una vez que terminé este periodo de aprendizaje en aquella empresa decidí, como emprendedora innata que soy, emprender junto a mi hermano un negocio en Colombia relacionado con avances tecnológicos y de entretenimiento. Esto ocurriría dentro de un nuevo mercado, en el cual no apuntalamos bien nuestra estructura financiera. Para ser honesta, como todo emprendedor debe ser con respecto a sus alcances, el resultado fue que luego de 5 años de un fructífero negocio lo perdimos todo.

¿Qué nos pasó?

Realmente, Colombia fue un trago amargo para nosotros. Las estrategias que usamos fallaron porque, en primer lugar, no hicimos una buena investigación de mercado. Invertimos todos los recursos en un solo lugar, cuando una de las reglas financieras básicas es la diversificación de las fuentes de ingresos con el objetivo conciso de blindar la supervivencia de un negocio. Además de esto, el plan de negocio que implementamos estaba diseñado para el mercado venezolano y de acuerdo con la realidad de ese país.

Al llegar a Colombia, un país totalmente distinto y con ciudades muy diferenciadas por región, pensábamos que ese plan podría funcionar sin hacer un estudio real de mercado; entendíamos y conocíamos que los estudios de mercado pueden ser costosos y su elaboración implica un tiempo largo para un emprendedor que necesita tomar decisiones basadas en estos datos.

Como era un servicio que se ofrecía a demanda, algo así como Spotify sin la música o Netflix sin los actores, pero muy bueno para ciertos nichos (y conocíamos el nicho), y no era un producto de primera necesidad, la gente no lo iba a usar inmediatamente. No evaluamos cómo funcionaba una familia en Colombia. Pensábamos que para Colombia y Venezuela, al ser países hermanos que comparten una historia republicana similar, pero no económica, el plan diseñado podría funcionar igual. No vimos lo básico. Lo mismo ocurre en Estados Unidos, pues funciona completamente diferente a Colombia y Venezuela. Por eso es que creo que uno de los mayores aprendizajes que me dejó el quiebre de este emprendimiento se resume en evitar el emprender sin evaluar todas las características inherentes al nicho, demografía, país o ciudad escogida. ¡No hacerlo es una locura!

Capitalización del error

Si partimos desde la afirmación de que "la preparación de un plan de negocio no garantiza el éxito en la obtención de inversiones y apoyo, pero su ausencia garantiza casi con seguridad el fracaso", con más razón debemos enfocarnos en asumir con coraje las derrotas, prepararnos e investigar cuáles fueron las causas que ocasionaron el fracaso, y sobre todo capitalizar en grande nuestros errores, sin temer al fracaso. Sólo así es posible avanzar en nuevas estrategias diseñadas minuciosamente para no caer en un loop de errores consecutivos.

Ese fracaso en Colombia fue mucho más que eso, fue una experiencia enriquecida por el conocimiento que dejaron las pérdidas. Además, me incentivó nuevamente a estudiar finanzas, presupuesto, contabilidad para pequeñas empresas y *marketing*. Tuve la oportunidad de aprender también de muchos emprendedores, empecé a dar clases, asesorías a empresas y ayudé a construir para emprendedores los sistemas que los ayudaron a gestionar sus responsabilidades; para eso siempre ha sido necesario evaluar y ajustar el plan de negocio inicial y, en ocasiones, incluso hemos tenido que hacer uno porque simplemente no existía. En estas asesorías me di cuenta de que muchos emprendedores tenían la idea equivocada de ser empresarios y ni siquiera tenían una estructura organizacional, un diseño de objetivos o plan de negocio. Es necesario empezar desde lo simple e ir evolucionando hasta lo grande. Es como la regla básica del ser humano: nace, crece y se desarrolla hasta alcanzar sus metas. Es decir, cuando nacemos empezamos dando giros, después gateamos y luego comenzamos a dar los primeros pasos para caminar hasta que podemos correr. Pero corriendo nos caemos, nos podemos golpear muy fuerte y es justamente en ese momento cuando aprendemos a capitalizar y entender el proceso de errar.

Entonces vale la pena preguntarse: ¿por qué fracasan los negocios? La verdad es que la respuesta es simple. Si un emprendedor no planifica, no supervisa ni monitorea su plan de negocio, puede que no avance, que no crezca o que su negocio se estanque o desaparezca. Pues, si no es un negocio escalable, está destinado a fracasar. Aunque el tema de la escalabilidad es interesante porque dentro de ella hay límites; es una modalidad de negocios finita y puede depender también de tu ambición como emprendedor.

Si me preguntas cómo puedes lograr capitalizar el fracaso, realmente, con toda la sinceridad y la madurez que nos otorga el asumir los duelos, diría que yo capitalizo los errores documentando y volviendo a intentar eso que no estructuré bien para que en una nueva oportunidad tenga los resultados esperados.

Por ejemplo, en Colombia también nació una historia maravillosa: el primer libro de mi autoría, inspirado en las inquietudes de mi hija y en mi idealismo en pro de una infancia sin hipersexualización, donde lo más básico es la ropa. ***El Armario de Natalia*** se escribió y quedó allí por falta de impulso, de capital y porque no direccioné bien lo que quería alcanzar con ese libro. Sin embargo, al llegar a los Estados Unidos no repetí los errores cometidos en Colombia o en Venezuela. Teniendo la oportunidad de empezar en un nuevo país, fui cautelosa y más estructurada. Hoy en día reviso mi plan de negocio y a diario le hago seguimiento para que sea sostenible económicamente y conocer su escalabilidad; lo modifico y cada trimestre, que corresponde la revisión general, lo voy calibrando. Tu emprendimiento es como un motor: a medida que lo vas calibrando lo vas engrasando.

Siempre capitalizo el error con aprendizaje, anoto mis desaciertos y no me quedo con el error, divagando sin conseguir solución. Trato de ir a profundidad en lo que falló y, si lo requiero, busco a un experto, a un terapeuta, a un *coach* o un aliado; lo hablo, lo concientizo y por todos los caminos reviso ese "proceso del error". Es imperativo para mí buscar información y tomar consciencia de ello para que no vuelva a ocurrir. No soy de las personas que se flagelan. Aunque no tengo la respuesta para todo, dispongo de una red de contactos muy extensa a quienes puedo llamar para llegar adonde quiero llegar. Esto es algo que todo emprendedor nunca debe pasar por alto, por más indiferente que se pueda creer o si jamás la utiliza. Este contacto, esta red, es parte de tu emprendimiento. Soy de las emprendedoras que persiguen el liderazgo en equipo. Puedo tener la idea que tenga, pero necesito el *feedback* de mi equipo para impulsarme a ir más allá.

El emprendimiento escalable y mi emprendimiento

Clean Ready Miami se creó bajo la premisa de la escalabilidad, entendiendo que la escabilidad de una organización es cuando inicia con una inversión muy baja. Sin embargo, esa vena curiosa y el impulso por asumir riesgos me permitieron dialogar conmigo misma y descubrir los propósitos reales que tenía con mi emprendimiento.

Algunos de los cuestionamientos que analicé durante un largo periodo fueron mi guía y los comparto contigo:

1. ¿Qué podría hacer toda la vida?
2. ¿Cómo hago un análisis del entorno?
3. ¿Qué sector quiero trabajar?
4. ¿Qué nombre quiero usar para mi emprendimiento?
5. ¿Cómo ayudo a otras personas en sus vidas?
6. ¿Cuáles son mis recursos?
7. ¿Quiero ser una emprendedora o una empresaria?

Organización, revisión y reinvención con firmeza

Al elegir que emprendería un nuevo negocio tuve claro que las condiciones y la estructura debían ser diferentes, y sobre todo que mi emprendimiento pudiera mantenerse solo y darme la libertad de tiempo necesaria para crecer como empresaria, seguir estudiando y atender a mi hija, que en ese momento tenía apenas cuatro años. Es decir, Clean Ready Miami nació por mi necesidad de tener una opción que me diera ingresos y libertad de tiempo. Lo estimado fue la rentabilidad del negocio y el bajo costo el poder empezarlo. Entonces, realmente, Clean Ready nació de mi necesidad de tener una manera de expandirme y ser productiva sin ataduras a un negocio que dependiera de mí.

Hoy día, Clean Ready no depende de mí. Puedo irme a donde yo quiera y hacer cualquier cosa, ya que Clean Ready tiene un sistema que hace que funcione. Pero este exitoso emprendimiento es el resultado de haber buscado soluciones, soluciones para mi tiempo, soluciones para mis ingresos, soluciones para crecer y ayudar a otros.

Luego de nuevamente emigrar, durante varios meses atravesé un duelo migratorio, en el cual no tuve mucho tiempo para organizar mis ideas. Me dejé llevar por comentarios de muchas personas que afirmaban que era imposible emprender en Estados Unidos sin un buen capital. En mi cabeza retumbaba una y otra vez: "¡Es difícil! ¡Es muy caro! ¡No te arriesgues!". Afortunadamente, y bendecida por una casualidad de la vida, recibí una oferta de trabajo para limpiar casas. Días antes había leído sobre emprendimientos escalables financiados con capital de trabajo o con muy baja inversión. Con esa idea entre ceja y ceja acepté el trabajo y fue el inicio de lo que es hoy mi emprendimiento: Clean Ready.

Al realizar un plan de negocios para Clean Ready me aseguré de tener claro y preciso exactamente en dónde quería trabajar. Y como mi lugar de residencia era el distrito de Brickell, Miami Dade, delimité mi nicho a esa zona y me dediqué a conocer las variables que afectarían la consecución del éxito de mi negocio. ¿Quiénes viven en Brickell?, ¿a qué se dedican?, ¿necesitan mis servicios?, ¿cuánto están dispuestos a pagar?, ¿cuáles son sus necesidades?

Volvemos al error inicial. Pude llegar aquí con un millón de dólares y un plan de negocio de Venezuela queriéndolo adaptarlo acá sin hacer un estudio de mercado y hubiese fracasado igual.

Parte de la investigación de mercado que hice la realizaba mientras, por año y medio, limpiaba casas. Todas las personas que llevaba a trabajar conmigo me decían: "Vamos a limpiar". Pero yo les respondía: "No. Nosotras no estamos limpiando, nosotras estamos haciendo una investigación de mercado". Mi interés fue conocer la ciudad, entender su diversidad, sus diferentes necesidades, las dinámicas para entrar en un edificio, buscar o entender las amenazas para mi negocio, evaluar todas mis oportunidades y, por supuesto, entender cómo funcionaba la vida en la zona. Tenía que evaluar las condiciones del inmueble, el tráfico en esa zona, los accesos, etcétera.

Clean Ready fue un negocio que comencé con un capital de 60 dólares, de los cuales aún tengo 20 dólares. Pero ¿quién puede empezar una compañía con $60? Por supuesto, es difícil. Sin embargo, mi negocio vio luz y nació con un capital de $60, obteniendo un financiamiento proveniente del trabajo propio con aportes al capital. En ese entonces no conocía sobre los financiamientos colectivos como el *Gofundme.*

El plan de negocio inicial era para un emprendimiento pequeño en crecimiento, pero mi sueño era convertirlo en algo grande capaz de crear varios puestos de trabajo, siendo sostenible e independiente de mi presencia. Fue por ello que me propuse trabajar con el profesionalismo de un empresario, comenzando mi ruta con un crecimiento consciente, un liderazgo contundente y vinculando a mis aliados con la misión de mi empresa y nuestro entorno.

En este nuevo viaje aprendí a monitorear todos los objetivos trazados para alcanzarlos en un determinado periodo de tiempo. Todas las metas se deben llevar poco a poco, revisándolas diariamente para saber si se está alcanzando cada objetivo, cada meta programada para el crecimiento de un negocio. Por ejemplo, si en un día tenías diez cosas por hacer para alcanzar esa meta y lograste ocho, ¿entonces para qué día quedan las otras dos y cómo las vas a alcanzar? Entre más desmenuzado tengas tu plan de negocios será mucho más fácil supervisar diariamente el cumplimiento de las acciones necesarias. Si ocurren descuidos por exceso de trabajo o cualquier otra razón, es evidente que el negocio no crecerá. Entonces cuando no supervisamos y revisamos el plan, el negocio se paraliza; seguirá trabajando sobre lo que hay, pero no habrá expansión.

¿Por qué es necesario tener un plan de negocio?

En mi caso, y en el de cada una de las personas a las cuales he orientado en sus emprendimientos, un plan de negocios ha sido la columna vertebral del éxito. El plan de negocios es una guía con la cual tú tienes una estrategia para alcanzar ciertos objetivos. Si esos objetivos no son alcanzados en el tiempo que tú te planteaste, pues tendrás la tarea de revisar si lo que te planteaste era posible o si te estableciste metas muy altas. Si es afirmativo tu análisis, puedes empezar a realizar ajustes a ese plan para que realmente sea posible. En *Clean Ready Miami* el plan de negocio es revisado con frecuencia, prácticamente lo hago de manera quincenal. Si tengo unas metas grandes o unas metas pequeñas, puedo ir desglosando ese plan grande en pasos más pequeños para supervisar y controlar todo lo que está ocurriendo.

En este proceso de estructuración de *Clean Ready Miami*, empecé haciendo pequeños planes, pero en el año número tres, cuando formalicé mi estructura y me propuse tener entre seis a siete personas trabajando conmigo, las metas se cumplieron a mitad de año, dándose el punto de equilibrio con la ocupación de esos puestos de trabajo. Entendamos que *Clean Ready* nació con un capital muy corto y toda la inyección a su capital proviene de su productividad. *Clean Ready* es autosustentable.

El primer equipo que se compró para *Clean Ready* costó 1,200 dólares. Ese primer equipo, una vez trabajando, permitió que se compraran otros dos equipos. Así, construido poco a poco, es que hoy tenemos 12 equipos activos que han sido producto del capital generado por el propio trabajo. Es decir, el punto de equilibrio donde cubres todos los gatos y empieza a dar ganancias y generar capital para expandir llegó al tercer año de haber iniciado mi emprendimiento.

Por ejemplo, si tengo una meta de diez clientes nuevos a la semana o cada quince días, y observo que no se logró, me ocupo de revisar las estrategias de *marketing*, cuando veo que el cliente no ha llamado, no ha repetido el servicio inmediatamente me voy a la calidad de servicio, a los planes de lealtad. Y repito: lo primero es la empatía. Yo intento siempre entender qué es lo que el otro necesita, qué es lo que está pasando, para así tener la capacidad para adaptar el servicio a sus necesidades.

Entre uno de los planes de servicios de *Clean Ready* se oferta una limpieza regular, que consiste en limpiar todas las superficies planas, los baños de manera profunda, aspirar, cambiar y limpiar la cocina. Pero cuando vamos a una casa y vemos que el cliente es una madre primeriza estresada que lidia con momentos difíciles, sin entender los cambios en su cuerpo y las razones del constante llanto de su bebé, entonces las condiciones cambian. Por lo tanto, ayudamos a nuestra cliente con algunos extras, como doblar la ropa, organizar algunos espacios, le preguntamos qué necesita y nos volvemos observadores de su vida para conectar con su necesidad suprema y atenderla.

La empatía es una cualidad que el emprendedor debe desarrollar; es una distinción laboral que se puede desarrollar si se escudriña en la capacidad de ser preceptivo en relación con las necesidades que van más allá de las básicas. He desarrollado un nivel de empatía muy grande, pues ciertamente mis estudios como *coach* me han permitido entender al ser humano que necesita los servicios de mi negocio para llevar una vida más ordenada y en bienestar.

Filosofía organizacional con manejo de identidad-representación-comunicación-conexión

La filosofía de *Clean Ready Miami* está ligada al mejoramiento profesional, el liderazgo empresarial y las oportunidades de trabajo que permiten una conexión respetuosa y en constante flujo comunicativo. Nos importa que cada *housekeeping* se vaya porque quiere independizarse o desee escalar en otros ámbitos profesionales, que deje a nuestros clientes atendidos satisfactoriamente y haya dado lugar al incremento de clientes para que quien llegue a ocupar su puesto de trabajo pueda ser bien aceptada y tener también oportunidades de crecimiento.

Mi filosofía operacional es "hacer el trabajo lo mejor posible por nuestro futuro y por quienes vienen después". En todo momento les digo: "Hoy tú tienes este trabajo y en un futuro quizás te independices, pero tu trabajo con nosotros tiene que ser excelente para brindar oportunidades a quien con tanta o más necesidad que tú llegue a darle continuidad a tu oficio". De ahí que nuestra estructura organizacional sea bastante sólida y amena.

Lo que realmente mantiene a *Clean Ready* son los sistemas creados para establecer una cultura organizacional proactiva y positiva. Nuestra cultura organizacional nos invita a elevarnos las unas con las otras. La calidad del recurso humano y la adaptación del personal son vitales dentro de este emprendimiento.

La estructura de *Clean Ready* a la hora de trabajar está caracterizada por unos canales de comunicación sumamente efectivos. Si en algún momento se rompe ese canal de comunicación, de inmediato se prenden las alarmas, lo que facilita la resolución de problemas antes de generarse una crisis empresarial que no sólo ocasione caos, sino que sea capaz de detener el crecimiento del negocio.

Nuestra estructura es lineal. Existe el departamento de mercadeo, el departamento de finanzas, el departamento de *call center* y ventas, que se encarga de todo el tema de las llamadas, y contamos con un supervisor y los distintos aliados de *Clean Ready Miami*. En esta estructura cada uno es responsable de hacer frente a las tareas que le corresponde; es bastante lineal y con una carga de responsabilidad por equipo absoluto, es decir, hay autonomía en cada departamento. Por ende, cada equipo es responsable de los resultados que debe entregar.

Las semillas correctas

Mi vida y emprendimientos están llenos de aciertos, desaciertos y planes de contingencia maravillosos que me han permitido, con inteligencia, armar mi negocio de manera próspera.

Hace unos años leí un libro que se llama *El Gran Plan*, el cual habla de cómo cultivar una calabaza gigante. Así mismo, indica que cualquier semilla que compres en cualquier mercado o vivero no te va a servir para cosechar una calabaza gigante, ya que para lograrlo debes elegir la semilla correcta. Esa analogía la tengo anclada como una estaca en mi cabeza y prácticamente revela cómo la semilla es la fórmula y el verdadero valor de tu emprendimiento.

La semilla para mí está en dos partes: o es el cliente o son las *housekeeping*. Es decir, la semilla correcta viene con la elección de los aliados (trabajadores) que te representan en el campo de trabajo y que tienen los objetivos alineados contigo. Esto, sin lugar a duda, es una filosofía que se cultiva a través de la cultura organizacional de *Clean Ready*.

Entonces mi fórmula es trabajar mucho en el recurso humano hasta que sea extraordinario y se independice. Estos aliados extraordinarios ayudan a hacer capital, atraen nuevos clientes y logran que el cliente sea leal a la marca. La otra fórmula es el cliente, esa semilla de un cliente ideal dispuesto a pagar mi servicio, que vive en la zona ideal y que hace vida en el sector que cumple con los requisitos, pues yo lo introduzco en un plan de fidelización y lo convierto en embajador de mi marca para que me refiera nuevos clientes parecidos a él dentro de la red de este servicio. Es por eso por lo que les ofrezco planes de fidelización, donde obtienen descuentos por ser clientes constantes y, además, les incito a que anexen a sus amigos a las propuestas de *Clean Ready*. Estas estrategias han brindado crecimiento y permitido que se den pasos seguros hacia el mundo empresarial.

Del emprendimiento al empresariado

Para mí, un nuevo emprendimiento es un nuevo enamoramiento; es fervor, pasión, desvelo y emoción.

En cada idea nos parpadea una posibilidad de crecer, hacer dinero y ayudar a otros mientras entregamos lo mejor de nuestros conocimientos y preparación; con cautela y atención.

En el caso de *Clean Ready*, y gracias a su crecimiento organizacional y económico, he creado puestos de trabajo que permiten el paso del emprendimiento a empresa. Estos puestos de trabajo se van creando porque cada mes digo: "Este mes voy a ascender aún más". Al hacerlo creo puestos de trabajo para personas capaces de hacer lo que puedo delegar y me permite hacer otras cosas.

Para mí, iniciar un emprendimiento es pasión completa, entrega total con desvelos. No importa si trabajo 18 o 20 horas seguidas, pues darle la vuelta a eso que quiero hacer y lograrlo es placer, y aún más cuando ese emprendimiento muta y pasa a ser una empresa.

Clean Ready, por ejemplo, dejó de ser un emprendimiento casual cuando asumió la responsabilidad de 12 puestos de trabajos fijos, 12 en Estados Unidos y tres puestos de trabajo fuera del país, facturó un número importante de ingresos, pagó impuestos y licencia, se sostuvo y se proyectó como una posible franquicia dentro del mundo de los servicios de limpieza.

Gracias a toda la experiencia que he podido sumar, considero que todos los empresarios deberían ser emprendedores y que todos los emprendedores deben aspirar a ser empresarios. Esto se debe a que en la medida que un emprendimiento crece, éste va sumando características de una empresa. Y es esto lo que eventualmente puede hacer realidad nuevos proyectos, el crecimiento no sólo para la empresa, sino para los empleados y para el mercado económico del espacio donde se encuentra dicha compañía.

A friendly reminder: claves para emprender y hacer un jonrón

1. Siempre voy a sugerir como primer paso definir el nicho de mercado: ¿a quién le doy valor real? ¿Cómo buscar clientes que generen más ingresos? ¿Cómo ayudar a las personas dentro del mercado definido?

2. Desarrollar un buen plan financiero que sea capaz de sustentar un crecimiento consciente.

3. Diseñar una estrategia de marketing valiosa y apegada a la visión y objetivos de tu emprendimiento.

4. Fortalecer el trabajo en equipo, que para mí es el pilar de mi negocio.

5. Si tu emprendimiento crece, es indispensable delegar responsabilidades. En la medida en que esto se dé, se va creando la figura del empresario, pues uno da paso al otro.

6. Monitorear el crecimiento de tu negocio.

7. Llevar un registro del estado financiero.

8. La cuenta bancaria debe ser una cuenta de tu negocio, no una cuenta personal.

9. Realizar un registro de todos los gastos.

El éxito de *Clean Ready Miami*

El éxito de Clean Ready Miami radica en estructurar, organizar, supervisar, ajustar y en ir más allá de las metas funcionales; sobre todo, y principalmente, en haber aprendido a seguir mis pasiones y asumir el riesgo como una oportunidad.

El riesgo es una constante en mi negocio y mis decisiones siempre son pensadas y ejecutadas sin temor, procurando elevar el prestigio de la empresa, mejorar la calidad de nuestros servicios y, por consiguiente, la vida de nuestros clientes y aliados. Gracias a esta proyección al éxito, en el año 2022 empecé a recoger los frutos de todo lo que he sembrado en los últimos cuatro años, pues tanto mi empresa como yo fuimos galardonados en la ciudad de Miami con los premios de Emprendedor latino USA 2022 (*Clean Ready*),

Emprendimiento líder de trabajo en equipo (*Clean Ready*), Latin Business Awards 2022, categoría inspiración (Personal) y Emprendedora líder cambiando vidas (Personal).

Cierro mi experiencia, por ahora, como emprendedora y empresaria con la maravillosa declaración que nos impulsa y nos dice que: "El emprendedor que hace bien su trabajo y lucha por sus objetivos se convertirá en un gran empresario".

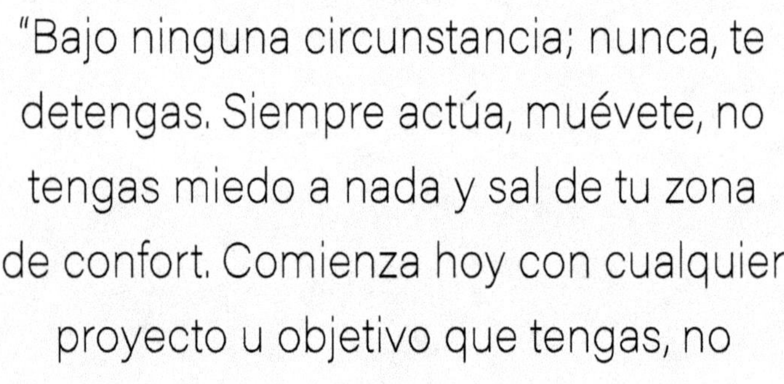

"Bajo ninguna circunstancia; nunca, te detengas. Siempre actúa, muévete, no tengas miedo a nada y sal de tu zona de confort. Comienza hoy con cualquier proyecto u objetivo que tengas, no importa si es pequeño o grande".

- Ing. Miguel Rebolledo Lagunes

El paso de una oveja

Hola, qué tal, queridos amigos lectores. Esto que les cuento son fragmentos de mi vida, de mi experiencia, de mi historia, la cual quise hacer realidad y demostrar de lo que una simple oveja, por llamarle así, es capaz de hacer y hasta dónde puede llegar. Si tan solo creemos en nosotros mismos y confiamos firmemente en nuestras capacidades, sin ponernos algún tipo de límite o barrera mental (porque los limites únicamente existen en las mentes de las personas débiles y negativas) cualquier persona que se proponga un objetivo por cumplir, una meta por alcanzar y, sobre todo, un propósito de vida por llevar a cabo, lo puede lograr, sin importar las circunstancias en las que se encuentre. Simplemente, querer es poder; y poder, es actuar.

- Quiero transmitir a todos los lectores posibles un mensaje de ayuda, una lección de vida: que, así como tú, también yo soy una persona normal, ordinaria. A diferencia de algunas personas, mis deseos de superación son inmensos y en ninguna circunstancia me detengo hasta conseguir lo que me propongo, así que, imagínense lo que ustedes también pueden lograr. Eso que pueden lograr es ¡Materializar su éxito! Porque así como yo pude, sin tener ningún superpoder, sin cargos públicos, palancas, ni apoyos económicos, pude llegar a ser lo que tanto he añorado: ser una persona de provecho. Es por ello que siento que mi vida ha dado un giro inesperado de 180°, cambiando por completo mi estilo de vida y el de mi familia, porque, de no tener prácticamente nada realizado, ninguna meta por cumplir, ningún objetivo por alcanzar, gracias a Dios, siento que ahora, poco a poco, lo estoy logrando, y es por ello que digo que sí se pueden llegar a materializar nuestros éxitos. Puse manos a la obra y decidí actuar porque, sin tener prácticamente nada de experiencia, decidí comenzar a trabajar en los proyectos que tenía en mente y pude darme cuenta de que en el camino se me fueron dando las herramientas necesarias para lograrlo. Así mismo, sé que también se me han ido abriendo muchas puertas, porque:

- Gracias a Dios, pude iniciarme en el fabuloso mundo de la escritura, al grado de que estoy por publicar mi primer libro (Cómo alcanzar tus metas, mi historia), que muy pronto estará disponible y espero puedan leerlo.

- Por tener la fortuna de poder participar en mi primera antología (Los Secretos del Emprendedor), la cual estás leyendo en estos momentos.

- Por mi hogar y por mi salud (porque también es válido invertir en ello), trabajé arduamente para poder mejorar mi actual hogar, para darle a mi familia un lugar más seguro y bonito dónde vivir. Además, comencé a ejercitarme, algo que tenía mucho tiempo sin hacer y ya me hacía falta. Sé que es algo difícil de hacer para alguien que no tiene metas ni propósitos en la vida, sin embargo, ahora me doy cuenta de que es algo posible de alcanzar. Solo es cuestión de disciplina, constancia, dedicación, empeño y ganas de querer salir adelante. Ahora que lo he hecho, sé que para alcanzar cualquier meta que te propongas, primero debes de comenzar a cambiar tú mismo, a trabajar e invertir en el regalo más valioso y preciado que tenemos: uno mismo, nuestro cuerpo, nuestra salud.

- También estoy trabajando arduamente, junto con mi amada familia, en diferentes proyectos, entre los cuales están;

    1. La apertura de una boutique, la cual se realizó en el día lunes 10 de abril del 2023.

    2. La creación de departamentos para renta.

    3. Entre otros proyectos literarios muy importante, como el

comienzo de mi segundo libro y la formación de una academia o escuela para escritores.

¡Gracias a Dios, mucho trabajo por venir! Ojo, cabe resaltar que no lo digo con ningún tipo de presunción y, mucho menos, para dar a conocer lo poco o mucho que esperamos tener como familia o por lo que estamos por realizar. Claro que no, sinceramente, no es mi estilo. Seguramente, muchos de ustedes, a comparación de uno, han de tener un gran imperio y lo único que haré es sacarles una gran sonrisa.

Sin embargo, lo que quiero es transmitirles este mensaje:

Una persona normal, con las mismas capacidades que cualquiera de ustedes, puede comenzar poco a poco a lograr sus objetivos y, de no tener prácticamente nada, si se decide a cambiar y comenzar a actuar, puede llegar a alcanzar sus metas. Únicamente es enfocarse teniendo bien clara su misión y visión de lo que quiere y de quién quiere llegar a ser, todo ello, guiado por un gran propósito de vida. Sé que podrá lograr alcanzar su éxito.

Para poder lograr ese propósito de vida, al igual que la gran mayoría de personas exitosas, tuve que pasar por muchos y diferentes obstáculos, por diferentes hornos. Sin embargo, aquí sigo; de pie, con la frente en alto, caminando siempre para adelante y buscando nuevos y mejores retos.

Ya que, uno de esos retos y obstáculos, implicó poner en una balanza todo lo que tengo, todo lo que amo, lo que realmente vale y significa para mí en esta vida: mi familia, la cual prácticamente tuve que dejar por un lapso de un año y medio por un futuro incierto y abrumador. Viajé a otro país en busca del tan famoso "sueño americano" para poder llegar a materializar todos los proyectos que mi familia y yo teníamos en mente, pero desde el comienzo supe que no iba a ser nada fácil. Rápidamente tuve que poner mi valentía, mi coraje y mi astucia a prueba contra los diferentes obstáculos que se avecinaban. En primer lugar, me enfrenté con el idioma, teniendo que atreverme a hablarlo, bien o mal, ya que sabía que de eso dependería parte de mi éxito en ese grandioso país. De no hacerlo, sabía que se me dificultaría poder conseguir un lugar dónde vivir, conseguir un empleo, conseguir mi comida, convivir con las personas que me rodeaban, etc. Después de que, gracias a Dios, pude superar ese primer "obstáculo", pude ver que no era nada difícil a comparación de lo que pensaba o de lo que decían los demás compañeros con los que me encontraba, porque, gracias a ello, pude conseguir un lugar donde vivir. Lo demás poco a poco se fue dando y así fue como comenzó mi travesía en ese país, iniciándome en mis primeros trabajos, como;

1. Constructor de casas (3 empresas).
2. Especialista de albercas (demolición, reparación y mantenimiento) (4 empresas).
3. Jardinero (2 empresas).
4. Cocinero de pollos (1 empresa).
5. Cocinero de tacos (1 empresa).

Créeme que no fue nada fácil, más no fue imposible. Tuve que pasar por diferentes empresas, diferentes patrones y compañeros de trabajo de diferentes países; desafortunadamente, la gran mayoría de compañeros de trabajo fueron muy difíciles de tratar, cada uno con sus diferentes estilos y formas de pensar. Lo único que les importaba era, y es, el dinero, y nada más.

Quiero que sepas que, en lo personal, pude descubrir que el éxito no es tener mucho dinero, casas, lujos, ropa cara, autos, joyas, títulos universitarios, etc. Tal vez para algunas personas sí lo es, pero, si analizas más a fondo, para cada uno de nosotros, el éxito es totalmente distinto. Cada quien lucha por sus sueños, diferentes y únicos, así que, por tal motivo, cada quien obtiene su éxito a medida que comienza a actuar.

Por ejemplo, para ti puede ser un éxito terminar tu carrera universitaria de maestro, ingeniero, abogado, doctor, arquitecto, etc. Y eso, para ti, representa el éxito y es válido, porque es una meta, un objetivo que lograste alcanzar. Pero, para mí, ahora que lo veo desde otro punto de vista, fuera de la caja y desde diferentes ángulos, puedo constatar que el éxito se logra con base en 5 grandes e importantes acciones:

- Pensar: Es la clave principal para alcanzar nuestro éxito, porque primero debemos encontrar nuestro propósito de vida de qué es lo que quiero lograr y llegar a ser, ya que, si primero pensamos, después actuamos y lo materializamos.
- Observar: Cuáles son tus objetivos, tus metas por alcanzar a un corto, mediano y largo plazo, siempre observando todo a tu alrededor, porque muchas veces tenemos frente a nosotros las respuestas a todas nuestras necesidades, preocupaciones y problemas, y desafortunadamente, no las vemos.
- Analizar: Cómo y qué es lo que debo de hacer para llegar a ser lo que tanto añoro, analizando cuáles serán las estrategias y pasos a seguir para lograr alcanzar mi propósito de vida.

- Identificar: Cada uno de los pros y contras de tu proceso, ya que, si consideras que tu proceso que elegiste no va por el camino correcto o por el camino que esperabas, cambia de plan, no importa lo mucho o poco que hayas avanzado. Solo nunca cambies de dirección, porque tus metas y objetivos siempre serán los mismos y ellos estarán en el mismo lugar.
- Actuar: A este punto, lo considero como la segunda clave secreta. Actuar es otra de las claves para lograr alcanzar cualquier objetivo, meta, sueño y propósito de vida que nos propongamos, porque, si primero pensamos y después actuamos, no habrá nada ni nadie que nos detenga. Estaremos totalmente convencidos de que podremos alcanzar cualquier cosa que nos propónganos, así que te invito a que te muevas; pero, sobre todo, a que actúes ya.

Llevar a la practica en conjunto estas 5 acciones te llevará de la mano al éxito, así que de corazón te invito a que te tomes un tiempo para pensar en lo que quieres llegar a ser en esta vida, a que observes todo a tu alrededor y de ahí puedas inspirarte, analizar cómo y cuáles serán tus estrategias a seguir, identificar cuáles son tus aciertos, los pros y contras de lo que piensas hacer y, por último, actúa, no tengas miedo a dar ese primer paso. Emprende ese nuevo negocio que llevas planeando hace tiempo, que si te caes, levántate; que si fallas, habrás aprendido la lección; que si te critican, no escuches nada ni a nadie, a menos de que la persona que lo haga sea realmente un ejemplo a seguir y te haga alguna crítica constructiva, más no destructiva. Pero, bajo ninguna circunstancia; nunca, te detengas. Siempre actúa, muévete, no tengas miedo a nada y sal de tu zona de confort. Comienza hoy con cualquier proyecto u objetivo que tengas, no importa si es pequeño o grande. Que si tienes pocas o muchas herramientas para conseguirlo, no te preocupes por ello, porque sobre la marcha irás obteniendo las necesarias. Además de todas las respuestas a tus dudas, que si no sabes algo, tienes las opciones y herramientas necesarias para investigar, preguntar, indagar, estudiar, escuchar, llamar y actuar, porque si vives el momento, disfrutando del proceso, podrás descubrir lo maravilloso de esta vida, el saber que puedes y que eres capaz de lograr cualquier cosa que te propongas, por muy pequeña, grande, difícil e inalcanzable que parezca. Tú puedes lograr eso y más, ya que, si tienes la capacidad de imaginarlo, pensarlo o soñarlo, también tienes la capacidad de llevarlo a cabo y materializarlo. Nunca dudes ni siquiera un segundo de ti, porque nuestro cerebro y nuestro subconsciente no tienen sentido del humor y todo se lo creen; si tú mismo dudas de ti y de tus capacidades, siento mucho decirte que estás perdido. Pero, si tú apruebas todo lo que puedes llegar a ser, creer que eres capaz y que puedes alcanzar cualquier meta u objetivo que te propongas, sé y estoy totalmente convencido de que lo lograrás, porque únicamente de ti depende tu éxito y de nadie más.

Debes demostrarte a ti mismo que eres capaz de tomar cualquier reto que te propongas y afrontar los riesgos que conlleva. Ya después, sin necesidad de que tú lo digas, todo el mundo sabrá de qué metal has sido forjado. Además, por soportar las altas temperaturas, por el hecho de pasar por los diferentes hornos de la vida, sobreviviendo a ello, saldrás más renovado, más fuerte y mucho más resistente a todo. Ten las agallas para atreverte a dar ese primer paso que miles y millones de personas no quieren dar, no tengas miedo al qué dirán, porque nunca obtendrás la aprobación de nadie. Incluso, en algunas ocasiones, ni tendrás la aprobación de tus familiares, amigos o seres más queridos. Por muy fuerte que parezca o suene, desafortunadamente así es en la mayoría de los casos, así que ten siempre en mente que lo que realmente importa eres tú y nadie más. Al estar bien tú, tu familia (esposa e hijos) también lo estará y ¡eso es lo que realmente importa! Pero, ¿qué pasa si fracasas en el intento? Vuelve a intentarlo, porque ya contarás con la experiencia necesaria y sé que así tendrás la satisfacción de decir ¡Al menos lo intenté! Y no te quedarás con la duda del qué hubiera pasado si lo hubieses hecho. Pero, ¿y si funciona? ¡Bingo! Te darás cuenta de que valió la pena todo tu esfuerzo, sacrificio y dedicación, así que, de todo corazón, te invito a que no tengas miedo a atreverte a hacer cualquier cosa, meta, objetivo, proyecto y propósito de vida. De hecho, quiero que se te queden bien grabadas estas frases, tal vez ya las has escuchado, tal vez no, sin embargo, las utilizo y pongo en práctica cada que puedo y considero me han funcionado muy bien:

- El NO ya lo tenemos ganado, es gratis. Ahora hay que ir por el SÍ, de todos modos, no perdemos nada.
- Cochinito que no chilla, NO MAMA y si no mama, ¡se muere! Y eso no quiero que pase con nuestros sueños y nuestras metas, que se mueran y se queden en el olvido.

Así que, si conoces a una persona de respeto, mentor, famosa o alguien que admires, no dudes en atreverte a llamarle, saludarle, mandarle un mail, mensaje o lo que gustes, pero acércate a él o ella y pídele un consejo, un autógrafo; dile que tal vez él o ella no lo sabe, pero tú lo admiras y que, gracias a ello, estas haciendo un cambio radical en tu vida o que su vida la has tomado como ejemplo de superación… Lo que gustes, qué se yo. Pero atrévete a dar ese primer paso tan temeroso que hay en uno. Los demás pasos se darán solitos y en automático, así que no tengas miedo de romper esa barrera mental. Te aseguro que no pasará nada malo, lo único que pasará es que serás libre, tu venda de los ojos se te caerá y podrás ver lo que tu miedo no te permitía ver.

Porque a lo largo de mi vida, había algo dentro de mí que no me dejaba descansar y me mantenía muy inquieto, sin embargo, no sabía qué era. Sabía que tenía que descubrirlo y eso que me mantenía inquieto. Era mi propósito de vida. Así que, me di a la tarea de poco a poco averiguarlo, debo admitir que no fue nada fácil, porque para lograrlo, tuve que pasar por mil y un obstáculos, cada uno muy especial y con sus diferentes grados de dificultad, pero una vez que lo logré, no paro de decirlo y practicarlo. Cabe resaltar que, a pesar de que ya tenía una meta, un objetivo por alcanzar, sabía que debía de mantener la calma, pensando y analizando todo perfectamente para dar ese tan esperado primer paso, así que me di a la tarea de actuar hasta que, gracias a Dios, lo descubrí y, afortunadamente, me pude dar cuenta de cómo estaba todo el sistema. Pude estudiar y analizar a cada uno de los factores que me rodeaban, hasta que lo logré y tuve todo listo, supe que era el momento exacto y oportuno de actuar; y así lo hice, di mi primer paso.

Quien iba a pensar que, a mis 36 años de vida, ya iba a tener identificado mi propósito de vida, ser un gran escritor, y tener en puerta la publicación de mi primer libro y tener la oportunidad de poder participar en mi primera antología. Para mí, esto representa parte de mi éxito y, primeramente, Dios, sé que vendrán muchas más cosas buenas, siempre y cuando no deje de actuar.

Con base en esto, quiero ayudar a muchas personas a descubrir su propósito de vida, a salir adelante con mis libros y mis mensajes. Sinceramente, esto es algo que nunca me hubiese imaginado, y más aún, pienso que no lo hubiera logrado estando en mi hogar, en mi trabajo, en mi zona de confort, haciendo prácticamente nada. Este es el lugar en donde, aparentemente, todo mundo tiene a su familia, trabajo, amigos, compañeros, techo, sustento, comida, comodidad, y dejan que la vida pase y se esfume como una estrella fugaz, pero, cuando venimos a reaccionar, ya pasaron muchos años, como los que me pasé yo (36 años) o, desafortunadamente, ya es demasiado tarde. Eso, para mí, es un logro muy grande e importante; sin duda, es mi éxito el poder compartir con cada uno de ustedes un fragmento de mi vida, de mi historia y que mi mensaje llegue a muchas personas en el mundo, que les pueda ayudar y servir de algo. Eso, para mí, vale demasiado, vale oro.

También quiero que sepas que a mi corta, mediana o larga vida, he pasado por diferentes hornos; unos buenos, algunos malos, pero, a pesar de ello, a todos los he considerado como hornos buenos, porque de alguna u otra forma me han quemado y mi cuerpo ha soportado todo, haciéndolo más fuerte y resistente, templando mi alma, mi mente y mi corazón, dejando una gran lección de vida, una enseñanza y, así, al final de cuentas, cuenta como algo bueno. Desde muy pequeño tuve la fortuna de guiarme por el trabajo de mis abuelos, padres, tíos y ahora de mi amada esposa y, gracias a todos ellos, así como una esponja, pude absorber todas sus enseñanzas, todo lo bueno de cada uno y sé que me sirvió de mucho para ser lo que ahora soy: una persona de bien, de provecho, cuya única misión y visión en esta vida es ayudar a las personas, guiado por mis mensajes y propósitos de vida.

Así mismo, quiero que sepas que este joven que te escribe tal vez ha tenido más oficios, trabajos o puestos empresariales de los que te puedas imaginar, los cuales, de cierta forma, también han sido parte fundamental para su desarrollo personal y profesional.

Recuerda que este mundo es para los vivos; el pasado y el futuro no existen, porque no se puede acceder a ellos como si tuviésemos una máquina del tiempo, a menos de que sea por medio de nuestras mentes. Con lo único que contamos es con nuestro presente y, aunque sea muy incierto, afortunadamente es con lo único que contamos, porque ahorita estamos bien, pero mañana, quien sabe. Así, te invito de todo corazón a que pierdas ese miedo que te detiene a detonar todo ese potencial tan grande que llevas dentro; vive, goza, disfruta, piensa, escucha, analiza, crea, y actúa, demuéstrale al mundo de lo que ese ser tan "pequeño" puede lograr con tan poco y de lo gigante que se puede convertir si tan solo decide actuar. Demuestra las obras tan grandes que puedes llegar a hacer y aportar a este mundo, todo ello gracias a tu potencial y toda tu energía que llevas guardada desde hace muchos años, así que es hora de que la detones.

Que nada ni nadie te detenga si te cierran una puerta, toca 10 más, y si te cierran esas 10 puertas, toma una escalera y bríncalas. Si te ponen una barrera para que no brinques, crea e inventa un camino; si te sellan un acceso con piedras, cava un túnel y sumérgete hasta llegar a tu destino. El chiste es que bajo ninguna circunstancia te detengas a mirar hacia atrás, a lo difícil que se ve el camino, y mucho menos, a escuchar lo que los demás opinan, que, sin darte cuenta, llevarás un buen tramo recorrido y estoy seguro de que muy pronto estarás abrazando tu éxito, así como yo lo estoy haciendo.

Siempre recuerda esto: Sé una oveja implacable, diferente, brilla con tu chispa y diferénciate de entre los demás, siempre demostrando tu lealtad ante todo el rebaño. Demuéstrate a ti mismo que sí se puede lograr cualquier meta u objetivo que te propongas, que al hacerlo tú, sin necesidad de que tú se los digas, los demás se darán cuenta de quién realmente eres y del potencial tan grande que llevas dentro. Si alguien nunca ha salido del corral, sé tú el primero en hacerlo; si todo mundo sigue la misma línea para llegar a un lugar, sé tú el primero en romper las filas y demostrar que existen varias formas de hacerlo; si alguien dice "esto siempre ha sido así y por tal motivo así se debe de seguir haciendo", sé tú el primero en decirles y demostrarles que también se puede hacer de otras formas. El chiste es que bajo ninguna circunstancia te detengas, porque, si te detienes, así como los relojes detienen su marcha por falta de pilas o de movimiento, siento mucho decirte que eso podría pasarnos a nosotros si es que decidimos hacerlo. De todo corazón, te digo que, así como yo pude comenzar a hacer realidad mis sueños, espero tú también lo logres.

Por último y no menos importante, quiero cerrar con broche de acero inoxidable con una pequeña, pero significativa anécdota, la cual considero tiene mucho valor y es importante que sepas. Antes de que yo terminara de escribir esta lección de vida y antes de que se publicara mi primer libro *Cómo alcanzar tus metas, mi historia*; para ser exacto, en el mes de febrero del año 2023, tuve la fortuna de que me presentaran con una profesora de secundaria que imparte la materia de español. Sin que yo lo supiera, ella estaba muy interesada por conocerme, pero aún más, por hacerme una cordial invitación para participar en un proyecto que estaba emprendiendo en su escuela, el cual era implementar una feria del libro y fomentar la lectura a los jóvenes invitando a ciertas personalidades del municipio en el que vivimos para darles un mensaje de vida a los jóvenes de esa institución y que personas como yo puedan guiar a muchos alumnos a no perder las esperanzas y continuar con sus estudios, de la mano de la lectura. Ese es el mensaje que la profesora quería que les transmita, y por tal motivo, considero que es digno de contar, ya que, a pesar de aún no tener físicamente o en estos momentos mis proyectos realizados, mis frutos ya comienzan a dar resultados, y eso, para mí, es algo impresionante e increíble. Realmente, es una lección de vida, que también me han regalado.

De favor, recuerda esto siempre: cuan más locas e inalcanzables sean tus metas, tus sueños, es ahí que debes de aferrarte a tu propósito de vida, porque ahí es cuando realmente despierta tu verdadero ser y cuando comienzas a vivir una vida distinta a lo que

has venido haciendo. Te deseo mucha paz, salud, felicidad, abundancia y seguridad en tu vida, y te digo una vez más que sí puedes llegar a ser esa persona que alguna vez soñaste, que solo está en ti y que realmente te la debes creer, que el resto llegará, así como me llegó a mí, cuando menos te lo esperes.

Te mando un fuerte abrazo y, si Dios no lo permite, nos vemos en la cúspide del éxito.

Tu amigo: Ing. Miguel Rebolledo Lagunes.

"El emprendimiento es como el café, hay que disfrutarlo con las personas correctas para que valga la pena, en el lugar y momento correcto [...] Entonces, y solo entonces, encontraremos el verdadero sentido de la vida".

- Juan Carlos Rico Campos

Mi mayor emprendimiento: transformar vidas a través del coaching

Emprender es darnos la oportunidad de saber que nuestros sueños pueden volverse realidad, luchando por hacer de nuestra pasión el estilo de vida que nos genera felicidad, asumiendo riesgos, trascendiendo y dejando huella

Elegí la mesa de un café de la colonia Condesa de nuestra amada capital del país que tenía de frente el Parque México. Supe que era el mejor lugar porque el aire recorría mi cara y a unos metros un joven tocaba el violín; veía a la gente pasar imaginando que cada uno de ellos era una historia de vida, cada una con su propia complejidad y emoción, pero había algo que nos unía: el momento, el mismo espacio, el mismo aire y, seguramente, para algunos, esa música que recorría nuestras entrañas hacía que ese instante fuera mágico y propiciara sueños y retos.

Mi primer pensamiento fue recordar que uno de mis propósitos de vida es dejar un legado para mi hijo, mi gran y mejor amigo. Visualizo aquel compromiso que me invita todos los días a transformar la realidad de nuestro entorno en algo mejor o diferente de lo que se nos entregó; son pensamientos románticos de querer cambiar al mundo y reinventar a las personas.

Con cada sorbo de café confirmaba que la única fuerza que impulsaba mi decisión de ser Coach de tiempo completo era la ilusión de ver que la gente cumpla sus sueños, aquellos que tal vez ni siquiera se han planteado, pero en algún lugar de su mente y corazón están latiendo, a veces fuerte, a veces despacio. Esos sueños que, cuando los escuchas y trabajas por ellos, tu vida cambia. Estoy seguro de que eso, más que dejar un legado, es cumplir y disfrutar la misión de vida que se nos asignó antes de tener conciencia.

Pensé entonces que había llegado a ese momento de verdad, ese que nos llega a todos y que muy pocos tomamos, aquél en el que nos encontramos entre la encrucijada de tener la seguridad y estabilidad que da un empleo formal o la incertidumbre que conlleva emprender haciendo lo que tu pasión indica. Era tiempo de pedir un pastel de zanahoria para lograr enfocarme y aceptar que el destino ponía frente a mí una gran oportunidad. Como buena causalidad, el violinista se despedía con una pieza que siempre me ha motivado "A thousand years"; entonces, en mi mente escuché una voz que me decía que habría que ayudar a los grandes líderes transformadores en fortalecer su empoderamiento. No había que penarlo más.

Terminé mi café ya con la firme convicción de que ahora todo giraría en torno a que la gente pudiera crecer, definir sus objetivos, crear las estrategias necesarias que les permitan alcanzar el éxito en sus metas, pero siempre alineando todo esto a lo más importante: la felicidad y armonía que permite el equilibrio entre la vida y el trabajo.

Con mi nuevo plan de vuelo decidí caminar por el Parque México, lugar mágico que recorrí muchas veces con mi hijo los fines de semana para ver a los perros que varias Fundaciones llevan para dar en adopción, convirtiéndonos algunas de esas ocasiones en voluntarios para lograr que esos seres increíbles tuvieran una segunda oportunidad al elegir y ser elegidos por una buena familia. Recordé que en ese espacio se puede ver un reflejo de lo que nos enfrentamos todos los seres humanos y a lo que yo le llamo *"tomar el riesgo y asumir el compromiso"*, pues muchos llegan ilusionados, con la gran esperanza de regresar a casa con algún ángel guardián que les acompañe y alegres, pero al tener que tomar la decisión de firmar la carta de adopción ven frente a ellos tantas objeciones que prefieren retirarse y fenecer en su ilusión. Desafortunadamente, eso le sucede a la gran mayoría al enfrentarse a las grandes oportunidades que se les presentan por no tener mayores responsabilidades, así convirtiéndose en asesinos de sus propios sueños.

Tanta vegetación ayudó a que mi cerebro se oxigenara más y estuviera tan revolucionado procesando tanta información de mis sueños, definiendo con pasión lo que seguiría para mí, que de las primeras cosas que pensé fue en la gran responsabilidad que estaba tomando. El poder de la palabra es uno de los factores más influyentes, que puede ayudar o destruir si no se le da el respeto necesario. Pero sabía que estaba preparado, contaba con certificaciones internacionales para ejercer esta gran aventura y lo más importante es que soy un firme creyente de que somos producto de la gente que nos rodea y que una gran bendición es tener a maestros de vida, esos que me han acompañado, guiado, impulsado y que, con su ejemplo, son una completa inspiración.

Cuantas historias cambiarían si la elección de las personas que nos acompañan en nuestros círculos cercanos fueran las correctas, seres fuera de lo ordinario que nos empujen a lograr más, a dar esa milla extra; que con su solo ejemplo inspiren, que celebren nuestros logros como si fueran propios. Cuando tenemos y logramos esta gran de elección de rodearnos de seres de luz, entonces vamos un paso adelante. Vamos en el camino correcto, con la gente correcta.

Tenzin Gyatso, el decimocuarto Dalai Lama, dice en su mensaje "Compasión y el Individuo": "Creo que el propósito de la vida es ser feliz. Desde el momento del nacimiento, todo ser humano desea la felicidad y no desea el sufrimiento. Ni el condicionamiento social, ni la educación, ni la ideología afectan esto. Desde el centro mismo de nuestro ser, simplemente deseamos satisfacción. No sé si el universo, con sus innumerables galaxias, estrellas y planetas, tiene un significado más profundo o no, pero al menos está claro que los humanos que vivimos en esta tierra nos enfrentamos a la tarea de hacer una vida feliz para nosotros"[1] así que todo lo que hagamos debe de tener como componente la felicidad. En mi caso, estar rodeado de Maestros de Vida enriquece mis veredas.

---

[1] Lama, 1. D. (2017, February 16). *Compassion and the Individual.* The 14th Dalai Lama. https://www.dalailama.com/messages/compassion-and-human-values/compassion

Casi al terminar mi caminata, pude admirar cómo se encendían las luces de tan bello e histórico parque, con la majestuosidad que nos obsequia la iluminación de las maravillosas construcciones que lo rodean y que nos recuerdan el glamur de los años veinte del siglo pasado en que se inauguró formalmente la colonia Condesa. En el busto de Albert Einstein, escultura donada por la comunidad judía, recordé que sus enseñanzas nos motivan a tomar acción, a no permanecer estáticos. Permanecer inerte no es una opción, debemos ser parte del cambio, motor de impulso, propiciar que tomar acción sea un hábito permanente.

Llegó el momento de cuestionarme si eso era emprender, si eso me daría para comer, si seguir mi pasión cubriría los requerimientos mínimos para mi familia. Es la mayor tentación para desistir al no tener respuestas: ¿esto es viable?, ¿es un buen momento para hacerlo?, ¿y si fracaso?, ¿habrá clientes para mi producto? Seguramente no habrá respuestas tan convincentes, aún y después de hacer todos los estudios y análisis que marca el emprendimiento, pero en ese momento es en el que surgen tus compañeros más valiosos: la intuición y la pasión, aunadas de un poco de locura e irreverencia para no seguir los cánones establecidos.

Pero, pues, de eso se trata la vida; de asumir riesgos, de soñar, de volar muy alto, porque si no, el emprender no es para uno. Aproximadamente dos de cada diez emprendimientos no logran superar la barrera de los dos primeros años, por lo que diría yo que mi enfoque tuvo que ver con trabajar, trabajar y trabajar todos los días con mucho ahínco, visualizar un futuro promisorio sin dejar de atender la realidad diaria.

Soñar e imaginar son dos cosas increíbles para crecer, pero yo le sumaría un tercer elemento: tomar acción. Entonces, y solo entonces, empieza la transformación.

Así inició mi gran aventura en el mundo del coaching de manera profesional, asumiendo en todo momento que las grandes transformaciones corresponden a las personas. Mi labor es la de un facilitador que debe respetar ideologías y formas de ver la vida, pero siempre impulsando a que las cosas sucedan y produzcan resultados, retando y logrando que cada uno se confronte para llegar a la mejor versión de uno mismo.

Contento con mi decisión de ser un guía y acompañante de seres trascendentales, me dirigí a donde vivía en ese entonces, la San Rafael, una colonia tan emblemática, tan llena de magia; una de las primeras colonias de la Ciudad de México. Fundada en 1890, fue llamada en sus orígenes como la colonia de los arquitectos, está llena de escuelas, teatros y vecindades emblemáticas. En el traslado a cruce por la glorieta de Insurgentes, recordé que, a su llegada a esta gran urbe, se instaló en un edificio cercano una de las personas que más admiro, honro y estimo: Julián Ríos Cantú.

Julián estoy seguro de que pasará a la historia como uno de los jóvenes mexicanos que logró salvar millones de vidas. Él es uno de los emprendedores a quien más se le puede creer al escuchar una de sus charlas: habla fríamente, de frente, sin distinción, pero siempre buscando que las personas se confronten, inspirar a que dejen de lado sus pretextos y aterricen sus objetivos.

Su historia detona en su niñez y juventud, su abuela y madre víctimas de cáncer lo inspiran para buscar soluciones para hacer menos invasiva y más oportuna la detección de la enfermedad. Hace años inició, junto con sus socios, una empresa que después de varias transformaciones se dedica a crear tecnología de excelencia para ayudar a los centros médicos a brindar un servicio extraordinario a todos los pacientes y digitalizar la operación de laboratorios y hospitales. Sus productos son el PACS (un visor de archivos DICOM) y el RIS (Radiology Information System). Llamados Eva Management, cuentan con más de 400 clientes y 190 millones de imágenes médicas procesadas. Eva Center ha sido nombrada por *Forbes* una de las 30 empresas más prometedoras, la revista *INC* la enlistó como una de las 50 empresas que están cambiando el mundo, incluso, en 2021, fue galardonada con 2 premios Leones de Cannes.

Julián siempre ha dicho que, la edad no es un obstáculo para emprender, que hay romper esquemas, no seguir los estereotipos, tomar riesgos, armar equipos de trabajo con personas extraordinarias y, en los momentos complicados, hacer ejercicios de madurez, pues cuando se tiene miedo se sobreestima la posibilidad de fallar. Hacer que el estrés sea manejado de manera positiva ayuda a crecer y prepara para grandes batallas, haciendo que la vida sea más fácil. Sostiene que el emprendimiento es un vehículo para conseguir ser tan productivo que se logren tantos resultados en un año, como una persona convencional lo logra en diez. Resalta la importancia de manejarnos emocionalmente, cuando estamos en medio del caos, pues el peor enemigo somos nosotros mismos. Hay que calmarnos, buscar la introspección; es clave hablar con otros de la situación que nos acontece y para obtener mayores perspectivas. Con esto, se genera más valor, pues entre más problemas encontremos, más valentía adquirimos para afrontar los problemas futuros.

Seguro que todo lo que comenta Julián tendrá un valor increíble y será digno de ser tomado en cuenta por todo aquel que está buscando crecer y trascender, pues unas de las características de las personas extraordinarias es escuchar, analizar, tomar el valor y poner en práctica nuevas maneras de operar, y qué mejor hacerlo siguiendo a alguien tan extraordinario.

Seguramente nos hemos preguntado qué factores hacen la diferencia para que algunos trasciendan, ahí es donde he detectado que, además de la grandeza, compromiso y acción de los agentes de cambio, hay algo más. Basándome, por supuesto, en todas las historias de éxito con las que he convivido, puedo afirmar que la familia o alguien que haga las veces de esta es el motor de cambio, la fuerza, el impulso y la motivación que nos empujan para hacer el cambio, como en el caso de Julián, que encontramos a una gran mujer, su madre, quien seguramente fue la pieza clave en su formación y desarrollo.

Entonces, me pregunté qué valioso sería conocer más de la metodología de formación que las familias brindan y genera la diferencia, así que desvié mi camino y me dirigí a tomar otro buen café para poder analizar este factor de apoyo.

Decidí ir cerca de la Secretaría de Gobernación, pues en la esquina que hacen las calles de Bucareli y Morelos de la colonia Juárez se ubica uno de los lugares más icónicos: el Café La Habana. Fundado en los años cincuenta, es famoso por el paso de innumerables personalidades de todos los ámbitos como Octavio Paz y Gabriel García Márquez, incluso se dice que ahí planearon la Revolución Cubana el Che Guevara y Fidel Castro. No podía estar en mejor lugar. Pedí un capuchino, como si hubiera viajado en el tiempo para ubicarme algunos años adelante, cuando mi mayor éxito como emprendedor se basa más en la transformación de los demás, siempre creyendo con firmeza que, *con cada sueño que cumplen, se cumple el mío*. Vi el futuro, que hoy es una realidad: convertido en el Coach de personas extraordinarias, acompañando y guiando a seres increíbles, agentes de cambio que destacan como empresarios, políticos, campeones olímpicos, científicos, músicos, premios nacionales o internacionales, en países del mundo como Estados Unidos, España, Colombia, Brasil y Ecuador, entre muchos otros.

Esa vista del futuro me emocionaba, pero me comprometía más. Para poder alcanzarlo, uno de los factores más importantes era pensar en las personas no como fuentes de negocio, sino de la oportunidad de acompañarlos en su predestinación de hacer el cambio. Fue ahí cuando supe que yo impulsaría emprendedores en los que habría cinco características intrínsecas, a las cuales habría que ponerles mucha atención y reforzarlas:

- Familia: así le denomino al cobijo e impulso que es clave para las personas extraordinarias, se trata de alguien que siempre está ahí: papás, hermanos, tíos, primos, padrinos o verdaderos amigos; que no juzgan, que acompañan en la locura, aunque muchas veces también son los que logran aterrizarlos. Ellos se convierten en el gran soporte; para mí, el más valioso y fundamental.

- Reto y propósito: es decir, la perspectiva de saber a dónde vamos. Es más fácil llegar cuando sabes a dónde vas, pero eso debe implicar algo retador que motive y emocione, aquello que te mueve y aporta la adrenalina del emprendedor.

- Coraje: para enfrentar todo, para aguantar en el camino, para no desistir. El camino siempre tendrá barreras, la gran diferencia es la decisión de detenerse o seguir, aquello es a lo que llamamos persistencia.

- Enfoque: para poder entender que muchas cosas llegan a la vida y más cuando estas emprendiendo, hay oportunidades por todos lados, pero solo hay que quedarse con las que realmente abonan a nuestra misión. Las otras, por más prometedoras que sean, no son para nosotros.

- Crecimiento: aprender a desaprender, darnos cuenta de que nos falta mucho por entender; leer mucho, conocer modelos más allá de los nuestros, tener un contexto internacional, revisar casos de éxito, y no dejar de prepararnos nunca.
- Disfrutar: si lo que hacemos no satisface nuestra vida, tenemos que replantearnos qué le falta. Si no hay pasión y recompensa, no se cierra el círculo virtuoso. Equilibrar la vida con el emprendimiento, tener un espacio y momento en nuestras vidas para todo.

Terminé mi café, pedí la cuenta y me hice el compromiso de conocer historias de personas extraordinarias, detectar sus buenas prácticas y hábitos para transformarlas en herramientas y guía para todo aquel que busqué su desarrollo.

Las cosas toman su rumbo, y así sucedió y transcurrió mi desarrollo como Coach, tomando como pilar fundamental en mi carrera el respeto y compromiso de ser guía de aquellos que me permitieran ser un facilitador de cambios. Como para los emprendedores, la pasión, el liderazgo y la responsabilidad son características fundamentales que me impulsaron a buscar la excelencia y certificarme con carácter internacional para dar lo mejor de mí. Esa mejor versión de nosotros mismos solo llega con un verdadero análisis de dónde estamos y hacia dónde queremos ir. Es un proceso de cambio en el que la reinvención juega un papel fundamental, aquella reinvención a la que tanto se refiere Juan Alberto González Esparza, considerado de los mejores Coaches del Alto Rendimiento, quien fue uno de los más destacados presidentes de Microsoft.

Beto, quien destaco en la vida corporativa en diferentes países y logró superar todas sus metas, tiene una historia de vida de las que más admiro. Es un gran ser humano con un sentido social indescriptible que decidió, un día, estando en la cima del éxito, retirarse, honrando sus pensamientos y sueños, para emprender en aquello que tanto le apasiona: la vida y trascendencia de las personas.

Cuando me compartió por primera vez su decisión, no entendía cómo alguien tan exitoso ahora se aventuraría a emprender con todo lo que esto suponía, sin embargo, por la luz de sus ojos y la sonrisa que le provocaba la emoción que provenía de su alma y corazón pude asimilar que nunca debemos dejar de perseguir y luchar por nuestros sueños. Cuánta razón tenía Beto en asumir riegos al luchar por todo aquello en lo que creía, pues hoy su empresa Irradiate More ha impactado en miles de personas, posicionándose como una de las consultorías más destacadas en la industria de la transformación.

¿Entonces mi mejor versión se construye y se convierte en mi mapa de vuelo? Mucho he trabajado para tener la respuesta más precisa y, para llegar a ella, Coyoacán, ese mágico lugar, juega un papel importante, pues sus calles, iglesias, plazas, restaurantes y cafeterías han logrado crear un ambiente propicio para que sea en donde la inspiración se vuelve mi compañera, en especial la Plaza de la Conchita, pues fue ahí en donde se celebró una de las primeras misas de toda la región y, por ello, es considerada una de las iglesias más antiguas y emblemáticas. Además, ahí sucedió uno de los acontecimientos más importantes de mi vida: mi boda con una mujer increíble; arquitecta, emprendedora y hermosa, madre de nuestra querida Danny y de Diego, que está por nacer. En uno de los cafés que se encuentran cruzando la calle empedrada frente a los jardines de la Conchita he brindado sesiones de coaching de manera presencial y por videollamada a gente increíble. Me siento honrado de acompañarlos en sus carreras; a esos campeones olímpicos, artistas, estudiantes, emprendedores, empresarios y políticos que forman parte de los que me han brindado su confianza. No podría dejar de hablar de Coyoacán sin mencionar el Café Jarocho, sin duda de lo más tradicional. Este lugar es uno de los emprendimientos más exitosos en la zona por la variedad de productos, sus precios accesibles y el que nadie se salva de hacer una gran fila para pedir y saborear uno de los miles de cafés que venden a diario. Su café ha recibido reconocimientos internacionales, y es producto de la aportación de valor, la adaptación al mercado, la oferta y sobre todo el gran amor por servir y trascender.

La historia de esta cafetería me recuerda mucho a dos queridos emprendedores, los hermanos Ricardo y Zuriel Cevada, jóvenes de Monterrey de los que tengo el honor de ser Coach. Iniciaron operaciones en Monterrey y hoy se encuentran en Silicon Valley, trascendiendo fronteras con su empresa Skills.tech, que es una academia digital *enfocada* en datos para el desarrollo de talento en América Latina respaldada por UC Berkeley Skydeck. Ellos tienen una frase que ha marcado su crecimiento: si se vende, se arma. Esto significa que, si logran validar el mercado, construyen el producto inmediatamente. Para ellos, como para la mayoría de los emprendedores, el camino no ha sido fácil; ha sido incierto, lleno de retos, y solo lo logran quienes hacen de todo esto un constante aprendizaje para disfrutar el viaje que se torna en un proceso muy virtuoso.

Saber que tomamos las decisiones correctas es un trabajo que todos los días debemos reafirmar. Puedo decir, en mi caso, que gracias a mi convicción de no claudicar tengo Coachees en varios países del mundo, que soy mentor de escritores y asesoro a Fundaciones, pero sobre todo, que soy feliz y vivo del logro de quien alcanza sus sueños. Cuando alguien me pregunta si debe emprender, yo les respondo que sí, pero que deben encontrar su momento y recordar que no todo es para todos; además, que implica mucho compromiso. Sin embargo, también les recuerdo que venimos a esta vida a trascender y si no tomamos esa oportunidad que puede implicar muchos riesgos, estaremos del lado de las personas que terminan su existencia sin dejar huella.

Podría cerrar mi relato honrando alguno de mis lugares favoritos, el Café 222 de San Diego, California, en donde he pasado los mejores momentos con Lupita, mi esposa; o el Dutch Bros Coffee de Provo en Utah, sin duda el mejor lugar en donde me ha invitado café mi hijo, pero quisiera dejar abierta la posibilidad para que cada quien elija su propio lugar, para que ahí se dé la magia que los impulse a soñar, a definir objetivos, a crear estrategias, a aventurarse en todo momento, a romper esquemas y visualizar todo lo que puede llegar a nuestras vidas. **A recordar que el emprendimiento es como el café, hay que disfrutarlo con las personas correctas para que valga la** pena, en el lugar y momento correctos, agradeciendo siempre las manos de quienes lo cultivaron, honrando a quienes lo prepararon y compartiéndolo a quien le hace falta. Entonces, y solo entonces, encontraremos el verdadero sentido de la vida.

Conoce a los autores de "Los Secretos del Emprendedor"

Juan Pablo Barrantes es un profesional en Operaciones de Manufactura y Cadena de Abastecimiento en Compañías Transnacionales, con más de 20 años de experiencia en puestos de Liderazgo en 4 países de Latinoamérica. Es precisamente su trayectoria, así como la búsqueda de su propósito de vida, lo que le ha inspirado a escribir y promover el auto-liderazgo como una premisa fundamental para tener éxito y también para poder liderar a otros de forma efectiva.

Además de *Esencialmente,* el autor cuenta con un blog (www.leadersapproach.com) donde publica artículos relacionados con el auto-liderazgo y el crecimiento personal.

Nació en el estado de Chiapas, pero emigró a la Ciudad de México para realizar sus estudios en ingeniería industrial. En 1989 se inclinó por incursionar en las áreas de Recursos Humanos, que lo atraparon y motivaron a investigar con mayor profundidad los comportamientos e interacciones del ser humano.

Es autor de los libros *Liderazgo Disruptivo Constructivo Consciente y Auto coaching/Tu coach personal,* y así también coautor de *Coaching y Liderazgo Ágil*. Su libro más reciente es *El Líder Roto*. También es fundador de HR Consulting & Search, es *Master Coach* Ejecutivo. Su gran trayectoria en el campo del desarrollo humano lo han llevado a ser galardonado como Doctor *Honoris Causa* por El Claustro Doctoral *Honoris Causa*.

Diseñadora floral, floricutora, fundadora de Flower House Mexico y cofundadora de The European Association for Flower Growers (Asociación de Floricultores de Europa).

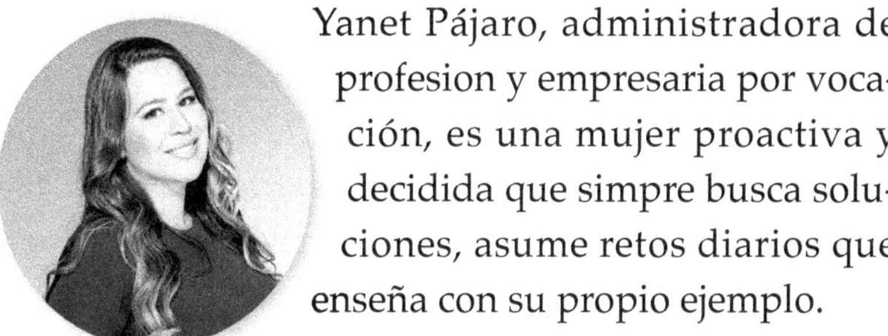

Yanet Pájaro, administradora de profesion y empresaria por vocación, es una mujer proactiva y decidida que simpre busca soluciones, asume retos diarios que enseña con su propio ejemplo.

Yanet se formó como *coach* de negocios y bienestar en búsqueda de su propia voz, ha ayudado a muchos emprendedores, empresarios y profesionales a desarrollarse y encontrar su misión.

El Ing. Miguel Rebolledo Lagunes es originario de un pueblo llamado Paso de Ovejas, Veracruz, México. Es Ingeniero Industrial de profesión, egresado del Tecnológico Nacional de México ~ Instituto Tecnológico de Veracruz. Es un joven introvertido, visionario y soñador, que se caracteriza por alcanzar todo objetivo que se proponga, y este libro es uno de ellos, en el cual logró desarrollar perfectamente su don de la escritura, convirtiéndose así en un gran escritor.

Juan Carlos Rico Campos es Coach Internacional Certificado con enfoque en el Alto Rendimiento de personas extraordinarias. Ha impartido a más de 250,000 personas conferencias magistrales, cursos y talleres en México y otros países de América, Europa y África.

Ha sido director de la Consultoría Potential Team, colaborador de la Organización de los Estados Americanos, funcionario público, asesor de innovación y Cofundador del Grupo 19nueve.

También es autor del libro de desarrollo personal *Con la fuerza del dragón.*

Actualmente, es coasociado de Irradiate More, jefe de Relaciones Públicas y director de Alianzas Estratégicas, asesor de Fundaciones nacionales e internacionales y mentor de escritores.

Casa de la Amistad para niños con Cáncer, es una institución que brinda apoyos a niñas, niños y jóvenes de 0 a 21 años de escasos recursos con cáncer. Tenemos el compromiso de elevar el índice de sobrevida en México, por lo que contamos con herramientas que nos permiten que los usuarios y sus familias no abandonen el tratamiento y sea asertivo.

El apoyo es 100% integral, es decir, que no se cobra ninguna cuota de recuperación y se les apoya con hospedaje, comida, traslado a su lugar de origen y trasporte a los hospitales, despensa, ropa, además contamos con apoyo emocional y psicológico en el proceso oncológico de los usuarios.

Por lo mismo de que muchos de los tratamientos de los usuarios son fuera de su ciudad de origen, también se les apoya en la educación, tenemos una escuela en donde se imparte desde preescolar hasta preparatoria y es respaldada para cuando regresen a sus casas puedan seguir con sus estudios.

Sobre Nosotros

Desde hace 20 años, Hola Publishing Internacional ha tenido la encomienda de publicar literatura de la más alta calidad, siempre viendo por sus autores para crear un producto de alta gama y una comunidad de escritores interconectados y en perpetuo crecimiento. Es dicho sentido de comunidad lo que ha traído el éxito para la editorial, pues su trabajo no termina con la publicación de un libro, termina con el triunfo de sus autores.

Desde 2002, Halo Publishing International, liderada por la autora galardonada Lisa Michelle Umina, ha publicado miles de libros y, a la vez, llenado el mundo de maravillosa literatura que no sólo ha enriquecido nuestra cultura, sino entretenido a millones de lectores. No hay libro que no tenga lugar en Halo, pues su misión como editorial es darle visibilidad a tantos autores como sea posible, con un estándar de calidad que se ha hecho presente desde su primera publicación.

Síguenos en nuestras redes sociales

HolaPublishingInternacional

Para saber más de Hola Publishing Internacional visita

www.holapublishing.com

www.ingramcontent.com/pod-product-compliance
Lightning Source LLC
LaVergne TN
LVHW020635100826
845148LV00012B/2188